정언 선사의
진심직설(眞心直說)

眞心直說

정언 선사의
진심직설

참마음에 대한 곧고 바른 이야기

이강옥 강설

조계종
출판사

책머리에

1. 번역과 강설

이 책은 한문으로 저술된 정언(政言) 선사의 『진심직설』을 우리말로 명료하게 번역하고 강설을 붙인 것이다. 번역문, 원문, 강설순으로 실었다.

　기존 『진심직설』 번역 강설서들은 모두 고려 보조지눌(普照知訥, 1158~1210)을 저자로 보았다. 그와 달리, 이 책은 정언 선사를 저자로 보고서 번역, 강설했다. 원문을 새로 번역했으며 기존 강설 내용을 수정, 보완, 확장했다. 따라서 '정언 선사의 『진심직설』'에 대한 최초의 번역 강설서라는 의의를 가진다.

　한문 원문은 다음 책들을 근거로 했다.

- 『高麗國普照禪師修心訣』, 송광사, 1799(정조 23).
- 『禪宗全書』「잡집부 17」, 문수문화유한공사, 중화민국 79년.
- 강건기, 『참마음 이야기』, 불일출판사, 2012.

• 현봉 스님, 『밖에서 찾지 말라』, 송광사출판사, 2018.

2. 수행서 『진심직설』

『진심직설』은 우리 진심(眞心, 참마음)의 본체와 작용을 바로 보는 방법을 가르친다는 점에서 수행서라 할 수 있다. 1799년 송광사에서 간행된 이후 지금까지 우리나라 수행자들과 일반 불자들이 아주 소중하게 읽고 수행의 지침으로 삼아왔으며, 한국불교에 지대한 영향을 끼쳤다. 필자도 그 점을 명심하면서 『진심직설』의 수행법을 더 잘 설명하고, 그것을 좀 더 확장하고 심화하는 쪽으로 강설하려고 노력했다.

『진심직설』은 진심을 보는 것이 견성이요 해탈이라는 대전제에서 시작한다. 우리 모두에게 진심이 있지만 우리는 그것을 못 보고 고통스러운 생사윤회를 거듭한다. 망심이 진심을 가린 탓이다. 우리 진심을 보기 위한 가장 중요한 조치는 망심이 생겨나지 않게 하는 것이고, 생겨난 망심을 없애는 것이다. 『진심직설』은 망심이 생겨나지 않게 하고, 생겨난 망심을 없애는 데 지면 대부분을 사용한다.

『진심직설』은 이런 일을 하기 위해 『화엄경』, 『능엄경』, 『금강경』, 『반야심경』, 『원각경』, 『유마경』 등 경전과 『육조단경』, 『대혜종고어록』, 『대승기신론』, 『증도가』, 『신심명』, 『성유식론』 등 논서 및 조사어록을 두루 인용하고, 그것을 근거로 하여 저자 자신의 독창적 수행법을 제시한다.

『진심직설』은 진심에 대한 핵심 사항을 곧고 바르게 설명한다. 우리 모두가 진심에 대한 믿음을 갖고 진심을 있는 그대로 바라보고 살아가는 것이야말로 깨달음의 결정적 길임을 밝혀준다.

3. 구성과 내용

『진심직설』은 15장으로 구성되어 있으며 각 장의 제목과 개요는 다음과 같다.

① 진심정신(眞心正信) : 믿음이란 무엇이며 깨달음으로 나아가는 길에서 믿음이 얼마나 중요한 역할을 하는가를 보여준다. 내가 진여이고 부처임을 믿는 것이 가장 소중하다는 진실을 알려준다.

② 진심이명(眞心異名) : 교문과 조사문에서 활용하는 진심의 별명들을 소개하고 설명한다.

③ 진심묘체(眞心妙體) : 진심의 오묘한 본체에 관해 설명한다. 진심은 온갖 오묘함과 신령함이 다 모인 것이기에, 대도의 근원이요 진법(眞法)의 핵심이다.

④ 진심묘용(眞心妙用) : 진심의 다양한 작용을 제시한다. 진심은 일상생활 어느 때 어느 곳에서나 작용한다.

⑤ 진심체용일이(眞心體用一異) : 진심의 본체와 작용이 같은가 다른가를 설명한다. 상(相)으로 보면 둘은 다른 것이고, 성(性)으로 보면 둘은 같은 것이다.

⑥ 진심재미(眞心在迷) : 미혹에 빠진 범부의 진심을 설명한다. 그 진심은 번뇌나 망상에 오염되지 않고 그대로 있다.

⑦ 진심식망(眞心息妄) : 망심을 없애고 진심을 보는 10가지 수행법을 제시한다.

⑧ 진심사의(眞心四儀) : 망심을 쉬는 수행법은, 앉아서 하는 좌선에만 국한되지 않고 일상생활 중 가고 머물고 앉고 눕는 행주좌와(行住坐臥) 사의(四儀)에 다 통용될 수 있음을 밝힌다.

⑨ 진심소재(眞心所在) : 진심의 본체와 작용은 어느 때 어느 곳에든 두루 있음을 설명한다.

⑩ 진심출사(眞心出死) : 생사에서 벗어나는 공부법을 제시한다.

⑪ 진심정조(眞心正助) : 진심을 보는 정(正)의 방법과 조(助)의 방법을 설명한다. 무심으로써 망심을 쉬게 하는 것을 정으로 삼고, 온갖 선(善)을 행하는 것을 조로 삼는다.

⑫ 진심공덕(眞心功德) : 진심의 공덕에 관해 설명한다. 무심으로 인을 닦으면 성공덕(性功德)이 드러난다.

⑬ 진심험공(眞心驗功) : 진심을 점검하는 방법을 제시한다.

⑭ 진심무지(眞心無知) : 진심은 알음알이와 먼 것임을 설명한다. 진심은 앎이 없이 안다.

⑮ 진심소왕(眞心所往) : 본체와 작용의 양면에서 진심의 생멸과 윤회 여부를 살핀다.

이 책에서는 원문의 구성과 제목을 그대로 따랐다. 나아가 각 장을

1~5절로 나누고, 내용을 고려하여 소제목을 새로 붙였다.

4.『진심직설』이 지눌의 저술로 오해받은 과정*

『진심직설』은 고려 보조지눌의 저술로 알려져왔지만, 그 형식이나 사상, 그리고 한문 문체에 이르기까지『수심결』이나『간화결의론』등 보조지눌의 다른 저서와 다르다는 인상을 주어왔다. 그래서 서지학적 방법에 의해서『진심직설』의 저자에 대한 근본적 재검토가 이루어졌다(남권희·최연식, 2000; 최연식, 2002; 손성필, 2011).

현전하는『진심직설』은 모두 중국에서 편찬 간행된 장경(藏經) 속에 들어 있던 것이다. 1598년에 간행된 개원사본(開元寺本) 장경은 가장 이른 시기『진심직설』의 모습을 보여준다. 개원사본은『진심직설』을『수심결』과 합본했다. 그러면서『수심결』의 제목을 '고려국보조선사수심결(高麗國普照禪師修心訣)'이라며 저자를 분명히 표기했다. 반면『진심직설』의 제목은 '고덕선사진심직설(古德禪師眞心直說)'로 표기하고 '고덕선사(古德禪師)'가 누군지 밝히지 않았다. 그 뒤에 나온 장경들도『진심직설』의 제목을 '고덕선사진심직설(古德禪師眞心直說)'로 표기할 뿐 그 저자를 밝히지 않았다.

1606년에 간행된 가흥장판(嘉興藏版)은『고려국보조선사수심결·진

---

* 4절과 5절의 내용은 남권희, 최연식, 손성필 등의 연구를 바탕으로 재정리한 것임.

심직설·보장론』이란 제목으로 합본을 내면서『진심직설』의 책 제목에 붙어 있던 '고덕선사'조차 떼어버리고 '진심직설'이라고만 표기했다. 저자 표시가 없는『진심직설』이 지눌이라고 저자 표시가 되어 있는『수심결』바로 뒤에 붙게 된 것이다. 그 결과『진심직설』이 지눌의 저술로 오해받을 가능성이 커졌다.『진심직설』바로 뒤에는 지눌의『계초심학인문』이 부록으로 붙었기에,『진심직설』이 지눌의 저서라는 인상을 더 강하게 주게 되었다.

　가흥장판『고려국보조선사수심결·진심직설·보장론』이 필사되어 조선으로 들어왔다. 이충익(李忠翊, 1744~1816)이 그것을 송광사에 소개했고, 송광사는 1799년(정조 23) 그 필사본을 바탕으로 하여『수심결·진심직설』합본을 간행했다. 그러면서『진심직설』을 지눌의 저서라고 소개했다. 그 뒤로『진심직설』이 지눌의 저서로 알려지게 된 것이다.

5. 정언 선사

정언 선사(政言禪師, ?~1185)의 탑명(塔銘) 탁본이 최근 발견되었다. 탑은 1188년에 세워진 것이었다. 거기에 '(정언 선사는) 또한『금대록』,『진심직설』,『수행십법문』등을 지었는데 모두 세상에 알려졌다(又著金臺錄眞心直說修行十法門皆行於世)'라는 구절이 있다(최연식, 2002). 이 구절은 정언 선사가『진심직설』을 저술했다는 결정적 증거가 된다.

정언 선사는 왕씨(王氏)로 허주(許州) 장사(長社) 출신이다. 9살 때 고향의 자복선원(資福禪院)으로 출가하였다. 10년 정도 머문 뒤 개봉(開封)으로 옮겨가 호공(浩公)에게서 『성유식론(成唯識論)』을 배웠다. 호공은 얼마 뒤 정언에게 강의를 담당하게 했는데, 그때 선사는 21살이었다.

정언 선사는 점점 자신이 문자와 교학에 매몰되는 것을 자각하고 회의를 느껴, 선(禪)을 수행하고자 자조(慈照) 선사를 찾아가 수행한 결과 인가를 받았다. 정언 선사는 선승으로서의 명성을 얻게 되면서 당시 주요한 선종 사찰들의 주지를 맡았다. 용천사에 머문 지 3년 만에 입적하였다. 상좌로는 법경(法慶), 중정(重靖), 사안(師安), 행수(行修) 등을 두었고 1천여 명의 재가 제자가 있었다고 한다.

선사는 역사에서 까마득히 잊혔다가 수백 년 뒤 다시 알려졌다. 『진심직설』이 가진 경이로운 생명력과 그 속 진리의 광명 덕일 것이다. 그 사연은 이 책의 부록에 정언 선사와 번역 강설자 원봉이 주고받는 편지 형식을 빌려 서술해놓았다. 본문을 읽어가면서 천천히 참조하기 바란다.

6. 헌정과 감사의 글

이 책을 은사 은암당 고우 대선사 탑전에 바칩니다.

 멀리 스토니브룩에서 민족불교의 빛을 보게 해주신 박성배 교수님께 감사드립니다.

　큰 가르침을 주신 대효 스님, 지안 스님, 지현 스님, 오경 스님, 중산 스님, 무아 스님, 효신 스님께 감사드립니다.

　연재한 글에 공명해주신 봉화 금봉암 선원과 동화사 비로전 시민선방의 도반들께 감사드립니다. 정독하고 귀중한 참조 사항들을 제공해주신 김경란 교수, 장석 시인, 정호웅 교수, 권석우 교수, 김효주 교수, 마하연 보살께 감사드립니다. 원고를 기꺼이 받아주신 모지희 본부장님, 정성을 다해 읽기 좋은 책으로 만들어주신 박병익 편집팀장과 여러 담당자께도 감사의 말씀을 드립니다.

2025년 가을
원봉 이강옥

차례

책머리에 · 4

자서(自序)

본래 마음을 스스로 보게 하다 · 18
문자의 방편으로써 진심을 밝혀주리라 · 22

제1장 | 진심의 바른 믿음(眞心正信)

믿음은 도의 근원이요, 공덕의 어머니 · 26
교문이 가르치는 믿음 · 30
조사문이 가르치는 믿음 · 33
믿음과 이해를 겸하라 · 36
초발신심(初發信心)의 공덕 · 39

제2장 | 진심의 다른 이름들(眞心異名)

왜 '진심'이라 부르나요? · 46
경전에 나오는 진심의 다른 이름들 · 49
조사들이 구사하신 진심의 다른 이름들 · 54

제3장 | 진심의 오묘한 본체(眞心妙體)

움직이지도 않고 흔들리지도 않아서 항상 고요하다 · 60

홀로 높고 홀로 존귀하다 · 64
이 마음을 통달하면 낱낱이 다 옳으며 · 68
진심으로 들어가는 침묵 · 72

제4장 | 진심의 묘한 작용(眞心妙用)

바람이 불면 마음이 나무를 흔들고 · 78
잊지 않고 어둡지 않을 것 · 82
일상생활에 미혹하지 않으면 걸림이 없다 · 85

제5장 | 진심의 본체와 작용은 같은가 다른가(眞心體用一異)

본체와 작용은 같은 것도 아니고, 다른 것도 아니다 · 90

제6장 | 진심은 미혹된 자에게도 있다(眞心在迷)

백옥이 진흙 속에 던져져 있어도 · 96

제7장 | 진심으로 망심 쉬기(眞心息妄)

모든 환(幻)이 소멸하면 · 102
빈 병과 무심 · 106
무심 공부 ① 알아차리고 살핌 · 110
무심 공부 ② 쉬고 또 쉼 · 115
무심 공부 ③ 마음을 없애고 경계는 그대로 둠 · 120
무심 공부 ④ 경계를 없애고 마음을 그대로 둠 · 124
무심 공부 ⑤ 마음과 경계를 둘 다 없앰 · 128
무심 공부 ⑥ 마음과 경계를 둘 다 남김 · 135
무심 공부 ⑦ 안팎이 다 진심의 본체라 봄 · 141
무심 공부 ⑧ 안팎이 다 진심의 작용이라 봄 · 145

무심 공부 ⑨ 진심의 본체 그대로가 곧 작용이라 봄 · 150
무심 공부 ⑩ 진심의 본체와 작용을 초월함 · 155
공들임 없는 공부 · 161

제8장 | 진심과 행주좌와(眞心四儀)

사마타 · 166
가거나 머물거나 앉거나 눕거나 · 175

제9장 | 진심이 있는 곳(眞心所在)

진심은 어디에 있나요? · 180

제10장 | 생사가 없는 진심(眞心出死)

허공 꽃이 없듯 생사도 없다 · 186
생사가 없음을 알면서도 왜 생사를 벗어나지 못하나요? · 192

제11장 | 진심 닦기(眞心正助)

무심 공부와 선행 닦기 · 198
무심과 상응해야지 인과에 집착하지 말라 · 205

제12장 | 진심의 공덕(眞心功德)

무심의 성공덕 · 210
참으로 신기하고 신기하도다 · 217

제13장 | 진심 공부의 점검(眞心驗功)

채찍과 고삐를 놓으며 · 224

그래도 미워하고 사랑하는 마음이 일어나지 않는다면 · 229

제14장 | 진심은 아는 것이 아니다(眞心無知)

마음 병이 되는 역경계와 순경계 · 236
온전한 물결이 곧 물, 온전한 물이 곧 물결 · 240
자비의 손을 드리우다 · 245
평상심과 평상하지 못한 마음 · 250
인과응보를 설하신 부처님과 진심 · 259

제15장 | 진심이 가는 곳(眞心所住)

몸이 죽은 뒤에 진심은 어디에 의탁합니까? · 264
물에도 파도에도 생멸은 없다 · 270
진심이 의탁할 곳 · 274

부록 | 정언 선사와 원봉 거사의 편지

정언 선사의 편지 ❶ 얼마나 불편하고 거북했을까요? · 282
정언 선사의 편지 ❷ 나는 이렇게 살았다오 · 284
정언 선사의 편지 ❸ 불가사의한 일을 해명 좀 해주오 · 286
원봉의 편지 ❶ 대선사님의 현실은 이러했습니다 · 288
원봉의 편지 ❷ 중원 한족이 자기 땅에서 오랑캐의 종이 되다 · 290
원봉의 편지 ❸ 대혜종고 선사와 정언 대선사님은 이렇게 대조됩니다 · 293
원봉의 편지 ❹ 대혜종고, 만송행수, 정언 선사 그리고 북한의 스님들 · 296
원봉의 편지 ❺ 대선사님의 가르침과 『진심직설』의 생명력에 경배를
　　　　　　　올립니다 · 300

자서
自序

본래 마음을
스스로 보게 하다

문— 조사의 오묘한 도를 알 수 있겠습니까?
답— 옛사람이 말씀하시지 않았는가? 도는 아는 것에도 속하지 않고 모르는 것에도 속하지 않는다고. 아는 것은 망상이요, 알지 못하는 것은 무기(無記, 흐리멍덩함)다.
만약 참으로 의심이 없는 경지에 이르면 탁 트이고 드넓은 허공과 같아지거늘 어찌 억지로 옳고 그름을 따지겠는가?

문— 그렇다면 여러 부처님과 조사들이 이 세상에 나오신 것이 중생에게는 아무 도움도 안 된다는 말씀입니까?
답— 부처님과 조사들이 세상에 나오셨으나, 중생에게 법을 주지는 않았다. 중생 스스로가 자기의 본성을 보게 했을 뿐이다.
『화엄경』에서 말씀하시되,
"일체법이 곧 마음의 자성인 것을 알면, 혜신(慧身, 지혜가 원만하고 밝아서 법성을 달관한 부처의 몸)을 이루게 되는데, 그 깨달음은 타인으로부터 말미암는 것이 아니다"라고 하셨다.

이런 까닭으로 부처님과 조사들은 사람들로 하여금 문자에 빠지거나 집착하지 않고 다만 망상을 쉬어서 자기 본심을 보게 하셨다.

그래서 덕산(德山) 스님은 문 안으로 들어오기만 하면 방(棒, 몽둥이질)을 하였고, 임제(臨濟) 스님은 문 안으로 들어오자마자 문득 할(喝, 고함침)을 하였다.

이런 경우조차 머리를 쓰는 것(探頭)이 지나쳤다고 하겠는데 어찌 언어를 더 쓰겠느냐?

或曰, 祖師妙道, 可得知乎?

曰, 古不云乎? 道, 不屬知, 不屬不知. 知是妄想, 不知是無記.

若眞達不疑之地, 猶如太虛寬廓, 豈可强是非耶?

或曰, 然則, 諸祖出世, 無益群生耶?

曰, 佛祖出頭, 無法與人, 只要衆生, 自見本性.

華嚴云: "知一切法, 卽心自性, 成就慧身, 不由他悟"

是故, 佛祖, 不令人, 泥着文字, 見自本心,

所以, 德山, 入門便棒, 臨濟, 入門便喝.

已是, 探頭太過, 何更立語言哉?

── '문왈(問日)-답왈(答日)'로 이어서 뜻을 밝히는 방법은 경전 해설의 보편적 방법인 '왕복제의(往復除疑, 주고받으며 의문을 풂)'에 해당한다.

── 언어·관념·지식을 통해서는 깨달음에 이를 수 없다. 이런 추상적인 것들을 내려두고 스스로 직접 자기 마음의 본성을 보아야 한다.
 그렇다고 언어나 지식이 전혀 필요 없는 것은 아니다. "도는 아는 것에도 속하지 않고 모르는 것에도 속하지 않는다"라고 했다. 도가 아는 것에 속하지 않는다는 것은 아는 것에 집착하거나 매몰되는 것을 경계한 말씀이다. 집착하지 않고 매몰되지만 않으면, 아는 것은 도를 터득하거나 도에 다가가는 데 도움을 주는 방편이 된다. 소위 '달을 가리키는 손가락'인 것이다. 그래서 "도는 모르는 것에도 속하지 않는다"라고 말씀하셨다. 아는 것은 결국 놓아버려야 할 방편이라는 점을 명심하며 그것을 활용해나가야 한다.

── 모든 중생은 본래 다 부처다. 그래서 남이 나를 깨닫게 해줄 수 없다. 오직 나 스스로 깨달아가야 한다. 그러기 위해 '내가 본래 부처다'라는 진실을 비웃거나 의심하지 않아야 한다. '내가 부처일 것 같네'라는 각성에서 시작하여 매 순간 점점 그런 각성을 확장하고 강화

해가야 할 것이다.

──『화엄경』의 인용은 「범행품」 구절인데 그 앞에는 범행(梵行, 부처님의 가르침에 따라 계율을 지키며 수행하는 행동)을 청정(淸淨)하게 하는 방법이 붙어 있다.

> 만일 보살들이 이와 같이 관행(觀行, 범행을 관찰)함으로써 더불어 서로 응하여 모든 법에 두 가지 이해(있음과 없음, 옳음과 그름 등 이분법적 견해)를 내지 아니하면 일체 부처님 법이 빨리 앞에 나타날 것이며, 처음 발심할 때에 곧 아뇩다라삼먁삼보리를 얻을 것이다. 일체법이 곧 마음의 자성인 것을 알면 혜신(慧身)을 이루게 되는데, 그 깨달음은 타인으로부터 말미암는 것이 아니다.

문자의 방편으로써
진심을 밝혀주리라

문 ─ 전에 듣자오니, 마명보살(馬鳴菩薩)이 『대승기신론』을 지으시고, 육조(六祖) 스님은 『육조단경』을 구연하시고, 황매(黃梅) 스님은 『금강반야경』을 전하셨으니, 모두 점차로 사람을 깨우치게 하기 위한 것이었는데, 어찌 홀로 법에 방편이 없다고 하십니까?

답 ─ 묘고산(妙高山, 세계 중심에 솟아 있는 수미산. 깨달음의 경지를 비유) 꼭대기에 대해서는 옛날부터 헤아림을 용납지 않았지만, 둘째 봉우리에 대해서는 모든 조사들께서도 간략한 말을 허락하여 알게 하셨다.

문 ─ 감히 바라옵나니 둘째 봉우리를 위해서 간략한 방편을 보여주소서.

답 ─ 옳도다! 이 말이여.
대도(大道)는 그윽하고 텅 비어서
있는 것도 아니고 없는 것도 아니다.

진심은 깊고 미미하여
생각도 끊어지고 의론도 끊어진 것이다.
그러므로 그 문으로 들어가지 못한 자는 비록 5천 권 경전의 가르침을 열람했다 하더라도 많다고 할 수 없겠지만, 진심을 밝게 깨달은 사람에게는 한마디 의론을 내어도 군더더기 법이 된다.
이제 눈썹을 아끼지 않고(설법을 잘못하면 눈썹 빠지는 벌을 받음) 삼가 몇 장의 글로써 진심을 밝혀주어 도에 들어가는 기초로 삼게 하리라.
이로써 서문으로 삼는다.

或曰, 昔聞, 馬鳴造起信, 六祖演壇經, 黃梅傳般若, 皆是漸次爲人, 豈獨無方便, 於法可乎?
曰, 妙高頂上, 從來, 不許商量, 第二峯頭, 諸祖, 略容話會.
或曰, 敢祈, 第二峯頭, 略垂方便耶.
曰, 然哉. 是言也奈何. 大道玄曠, 非有非無, 眞心幽微, 絶思絶議.
故, 不得其門而入者, 雖檢五千之藏敎, 不以爲多, 洞曉眞心者, 但出一言之擬比, 早是剩法矣.
今, 不惜眉毛, 謹書數章, 發明眞心, 以爲入道之基漸也.
是爲序.

⋯

―― 대도는 그윽하고 텅 비어 있고, 진심은 깊고 미미하다. 언어는 거기까지 닿지 못한다. 생각이나 의론으로 그것을 설명할 길이 없다. 언어가 아닌 침묵이 더 좋은 설명법이다. 그러나 깨닫지 못한 중하근기 중생에게 침묵은 절벽이면서 절망이다. 중생이 도를 향한 첫 발걸음을 내딛기 위해서는 언어 문자가 필요하다. 이런 취지를 다음 게송이 가장 잘 보여준다.

> 어둠 속 보배를 등불 없이 볼 수 없듯
> 부처님 법도 말해주는 사람이 없으면
> 비록 지혜가 있다 해도 능히 알지 못하네
> ―『화엄경』

―― 도와 진리를 왜곡했다고 '눈썹이 모두 빠지는' 벌을 받더라도, 문자와 지식의 도움이 필요한 중생들을 위하여 『진심직설』을 쓴다고 했다. 중생을 향한 정언 선사의 간절한 자비심을 느낀다.

―― 불립문자를 강조하는 불교에서 팔만대장경을 비롯한 엄청난 분량의 문자가 축적된 까닭을 알게 하는 서문이지만, 정언 선사는 저자인 자신을 짐작하게 하는 어떤 표시도 남기지 않으셨다.

제
1
장

·

진심의 바른 믿음

眞心正信

믿음은 도의 근원이요, 공덕의 어머니

『화엄경』에서 말씀하시되,
"믿음은 도의 근원이요, 공덕의 어머니라
모든 선근(善根)을 길러낸다"라고 하셨다.
또 『성유식론(成唯識論)』에서도 말씀하시되,
"믿음은 물을 맑히는 구슬과 같으니,
흐린 물도 능히 맑게 해주기 때문이다"라고 하셨다.
이로써 믿음은 온갖 선(善)을 생겨나게 하는 길잡이가 된다는 것을 알 수 있다. 불경의 첫머리에 '여시아문(如是我聞, 이와 같이 내가 들었다)'이라고 한 것도 믿음을 내게 하기 위한 것이다.

華嚴云, "信爲道源功德母, 長養一切諸善根"
又唯識云, "信如水淸珠, 能淸濁水故"
是知萬善發生, 信爲前導. 故佛經, 首立如是我聞, 生信之所謂也.

──『화엄경』 인용 부분은 「현수품」 구절이다. 「현수품」은 문수보살의 질문을 받은 현수보살이 답을 한 내용이다. 믿음 관련 구절이 소중하게 읽혀왔다. 위 인용 부분 뒤로 믿음의 공덕에 관한 내용이 계속된다.

즉, 믿음은 의심의 그물을 끊고 애착의 물결을 벗어나게 한다. 믿음은 가장 높은 열반의 도를 열어 보인다. 믿음은 마음을 청정하게 만들고 교만을 없애며 공경의 근본이 되어준다. 믿음은 은혜를 베풀어 마음에 인색함이 없게 하고 기쁨으로 불법에 들어가게 한다. 믿음은 지혜와 공덕을 증장시켜 마침내 여래의 지위에 이르게 한다. 믿음은 번뇌의 근본을 소멸시키고 경계에 대한 집착을 없애준다. 믿음은 깨달음의 나무를 자라게 하고 가장 수승한 지혜를 늘려 모든 부처님을 나타내 보인다.

──『성유식론』은 유식학의 기초 논서이다. 정언 선사가 유식학 논서를 인용한 데서 그의 출발점을 짐작할 수 있다.

'물을 맑게 하는 구슬' 관련 『성유식론』의 설명은 다음처럼 요약된다.

> 믿음은 그 자성(自性)이 매우 맑으므로 능히 마음을 청정하게 한다. 마치 물을 맑게 하는 구슬이 혼탁한 물을 맑게 하는 것과 같다. '믿

지 않는 것'은 그 자성이 혼탁하기에, 다른 마음과 심소법을 거듭 혼탁하게 한다. 마치 더러운 물건이 스스로도 더럽고 다른 것도 더럽게 하는 것과 같다. 반면 믿음은 오로지 청정을 자성으로 삼기에 마음을 청정하게 한다.
―『성유식론』 권6

이렇게 『성유식론』은 믿음의 자성(自性)을 '마음을 청정하게 하는 것'이라 규정한 뒤, 믿음을 3가지로 구분했다.
① 모든 법의 진실한 현상과 본질을 믿고 거기에 안주하는 것
② 불법승 삼보(三寶)의 진실하고 청정한 공덕을 믿는 것
③ 성도(聖道)가 성취된다고 믿고 희망하는 것

―― 대승불교 수행에서 믿음을 일으키고 성숙시키는 방법에 대해 가장 두루 설명하는 『대승기신론』의 가르침도 이와 상통한다. 『대승기신론』은 믿음을 사신(四信, 4종류의 믿음)으로 나누었다.
① 근본인 진여법에 대한 믿음
② 부처님께 무량공덕이 있다는 믿음
③ 부처님 가르침인 법에는 큰 이익이 있다는 믿음
④ 스님이 바르게 수행하여 자리이타 하는 것에 대한 믿음

이런 믿음들이 귀결되는 지점은, '내 안에 진여'가 있다는 것을 믿는 것, 즉 '내가 부처'라는 것을 믿는 것이다.

믿음을 성취하는 신성취발심(信成就發心)은 3종의 마음에서 비롯한다며, 직심(直心, 진여법을 바르게 알아차리는 마음), 심심(深心, 일체 선행을 기꺼이 모으는 마음), 대비심(大悲心, 중생의 고통을 없애주려는 마음)을 지적했다.

또 믿음을 성숙시키는 방법으로서 5문(五門)을 지적했으니, 보시문, 지계문, 인욕문, 정진문, 지관문(止觀門, 선정+지혜) 등 5바라밀이다.

──— '이와 같이 내가 들었다'라는 경전의 시작은, 아난다를 비롯한 경전 기록자가 부처님으로부터 직접 들은 것을 그대로 정확히 옮긴다는 사실을 밝힌 것이다. 이 구절은 경전을 읽는 불자가 경전 가르침에 대한 절대적 믿음을 갖게 한다.

교문이 가르치는
믿음

문― 조사문(祖師門, 조사의 가르침 혹은 선의 가르침)의 믿음은 교문(敎門, 경전 교학의 가르침)의 믿음과 어떻게 다릅니까?

답― 같지 않은 것이 많다.

교문에서는 사람과 천신들로 하여금 인과(因果)를 믿게 한다.

복락을 좋아하는 사람은 십선(十善)이 오묘한 인(妙因)이 되고, 인간계나 천상계에 태어나는 것이 과(果)가 된다고 믿는다.

공적한 것을 좋아하는 사람은 생멸의 인연이 바른 인(正因)이 되고, 고집멸도(苦集滅道)가 성스러운 과(聖果)가 된다고 믿는다.

불과(佛果, 성불)를 좋아하는 사람은 삼겁(三劫, 삼아승지겁) 동안 닦는 육도(六度, 육바라밀)가 큰 인(大因)이 되고, 보리와 열반이 바른 과(正果)가 된다고 믿는다.

或曰, 祖門之信, 與敎門信, 有何異耶?

曰, 多種不同, 敎門, 令人天, 信於因果.

有愛福樂者, 信十善, 爲妙因, 人天, 爲樂果,

有樂空寂者, 信生滅因緣, 爲正因, 苦集滅道, 爲聖果,

有樂佛果者, 信三劫六度, 爲大因, 菩提涅槃, 爲正果.

―― 인과는 선한 인(因)에는 선한 과(果)가 따르고, 악한 인에는 악한 과가 따른다는, 이른바 인과응보(因果應報)를 말한다. 중생이 지금 당면하는 모든 환경은 그 이전 자기가 지은 인과 긴밀히 연관된 것이라는 가르침이다. 인과는 매 순간 자신의 행업을 삼가고 성실한 삶을 살게 하기에 윤리적 계도 역할을 한다. 반면 어떤 과를 얻기 위해 어떤 인을 지으려 하는 계산이나 작위는 인과의 복덕을 사라지게 만든다. 그것은 유위(有爲)의 인과로서, 바람직하지 못한 집착이요 욕심이기 때문이다.

―― 십선(十善)은 십악(十惡)을 다스려 넘어선 것이다. 첫째, 몸으로 짓는 것으로서, 살생하지 않음(不殺生)·도둑질하지 않음·음행하지 않음 등이다. 둘째, 입으로 짓는 것으로서, 망령된 말을 하지 않음(不妄語)·이간질하는 말을 하지 않음(不兩舌)·저주의 말을 하지 않음(不惡口)·무의미한 잡설을 내뱉지 않음(不綺語) 등이다. 셋째, 마음으로 짓는 것으로서, 탐욕 없음(無貪慾)·성내지 않음(無瞋恚)·바른 견해(正見) 등이다.

―― 육바라밀은 생사의 고해를 건너 열반 적멸의 세계에 이르기 위한 실천 수행법이다. 보시, 지계, 인욕, 정진, 선정, 반야지혜 등을 일컫는다.

조사문이 가르치는
믿음

조사문의 바른 믿음(正信)은 앞(교문)과 다르다.
조사문은 일체 유위의 인과를 믿지 않는다. 오로지 자기가 본래 부처라는 것을 믿고, 천진한 자성(自性)이 사람마다 다 갖춰져 있으며, 열반의 묘체(妙體)가 개인에게 다 원만하게 완성되어 있다는 것을 믿는다. 다른 것을 빌려서 추구하는 것이 아니라, 본래 저절로 갖춰져 있다는 것을 믿는다.

삼조 승찬(僧璨) 대사께서 이르셨다.
"원만하기가 허공과 같아
모자람도 없고 남음도 없지만,
다만 취하거나 버리려고 한 (분별심) 탓에
(허공과) 같지 않게 되었다."

지공(誌公) 스님도 이르셨다.
"형체가 있는 몸속에 형체가 없는 몸이 있고,

무명(無明)의 길 위에 (생사를 초월한) 무생(無生)의 길이 있다."

영가(永嘉) 스님도 이르셨다.

"무명의 실다운 성품(無明實性)이 곧 불성이요,

허망한 헛된 몸이 곧 법신이다."

그러므로 알라.

중생은 본래 부처다.

祖門正信, 非同前也.

不信一切有爲因果, 只要信自已本來是佛.

天眞自性, 人人具足, 涅槃妙體, 箇箇圓成, 不假他求, 從來自備.

三祖云: "圓同太虛, 無欠無餘, 良由取捨, 所以不如"

誌公云: "有相身中無相身, 無明路上無生路"

永嘉云: "無明實性卽佛性, 幻化空身卽法身"

故知, 衆生, 本來是佛.

⋯

―― 조사문에서는 '유위의 인과'를 부정한다. 계산과 조작이 개입하는 인과는 믿을 게 못 된다.『화엄경』「범행품」에 "위없는 업을 행하고도 과보를 구하지 아니하며(行無上業, 不求果報)"라는 구절이 이를 뒷받침한다.

―― 조사문에서는 오로지 자기가 본래 부처라는 것만을 믿는다. '본래 부처'란 천진한 자성(自性)이 본래 각자에게 갖춰져 있고, 열반이 각자에게 원만하게 완성되어 있다는 뜻이다. 그러므로 밖에서 빌려올 것이 없다. 자기에게 갖춰져 있는 것을 보기만 하면 된다.

―― 삼조 승찬(僧璨, ?~606)의『신심명(信心銘)』구절,『경덕전등록(景德傳燈錄)』속 금릉보지(金陵寶誌, 418~514)의 말씀, 영가(永嘉, 655~713)의『증도가(證道歌)』구절을 인용했다. 모두 '중생이 본래 부처'임을 거듭 확인했다.

믿음과 이해를
겸하라

이미 바른 믿음을 내었다면 모름지기 이해를 더 깊이 해가라.

영명(永明) 스님이 이르셨다.

"믿기만 하고 이해가 없으면

무명만 늘어가고,

이해만 하고 믿음이 없으면

사견(邪見, 삿된 소견)만 불어난다."

그러므로 알라.

믿음과 이해를 겸해야만 도에 빨리 들어갈 수 있다.

旣生正信, 須要解兹.

永明云: "信而不解, 增長無明, 解而不信, 增長邪見"

故知, 信解相兼, 得入道疾.

―― 정언 선사는 『성유식론(成唯識論)』, 『인명론(因明論)』, 『미륵상생경(彌勒上生經)』, 『대승계(大乘戒)』 등 유식학을 공부하고 강의하던 법상종계 교학승이었다. 12년 이상 명강의로 이름을 날렸지만 33살 무렵 자신이 문자와 교학에 매몰되는 것을 자각하고 깊은 회의에 빠졌다. 교학이 아닌 선(禪)을 수행하고자 홀연 숭산 용담사를 향해 길을 나섰고 그 뒤로 선승으로서 일생을 보냈다.

그런 정언 선사였기에 '아는 것', '이해', '지식' 등의 본질과 가치에 대해 체험에서 우러난 깊은 성찰을 하게 되었다. 그 흔적이 『진심직설』에 거듭 나타나는데, 이 장은 대표 사례에 해당한다.

―― 앞에서 이미 "도는 아는 것에도 속하지 않고 모르는 것에도 속하지 않는다"라거나 "아는 것은 망상이요, 알지 못하는 것은 무기(無記)다"라고 하여 아는 것(이해)을 완전히 부정하지도, 그렇다고 완전히 인정하지도 않는 관점을 보였다. 여기서는 아는 것(이해)의 가치를 좀 더 적극적으로 강조한다. 이미 바른 믿음을 내었다면 이해를 더 깊이 해가는 것이 중요한데, 믿음과 이해를 겸해야만 도에 빨리 들어갈 수 있기 때문이다.

―― 깨달음의 과정에서 아는 것(이해)은 '믿음', '수행'과 긴밀한 관

련이 있다. 『화엄경』이나 『원각경』에 의하자면 '믿음(信)-이해(解)-수행(行)-깨달음(證)'이 긴밀하게 연결된다. 아는 것(이해)은 그 자체로만 분리되면 '알음알이'나 '분별심'이 되어 갖가지 폐단을 일으키지만, '믿음', '수행', '깨달음' 등과 연결될 때 깨달음을 향한 요긴한 추동력을 만들어준다. 이해는 믿음을 근거 있게 북돋우고, 수행을 튼튼하게 이끌어, 깨달음에 이르게 하기 때문이다. 경전이나 선어록을 읽고 이해하는 것은 수행의 길에 장애가 되는 것이 아니라 도움을 준다. 선가에서 회자되는 '책을 읽지 말라'는 말씀도 공부하지 말라든가 이해를 멀리하라는 뜻으로 받아들여서는 안 될 듯하다. "믿기만 하고 이해가 없으면 무명만 늘어간다"라는 영명 스님의 말씀을 명심한다.

초발신심(初發信心)의 공덕

문 — 처음에 믿음을 내었지만(初發信心) 도에 들어가지 못했다면 무슨 이익이 있습니까?

답 — 『대승기신론』에서 말씀하시되,

"만일 어떤 사람이 이 법을 듣고 두려워하거나 약한 마음을 내지 않는다면, 그 사람은 결정코 부처의 종자를 이어받아 여러 부처님들의 수기를 반드시 받을 것이다.

설령 어떤 사람이 능히 삼천대천세계를 가득 채운 중생을 교화하여 십선(十善)을 행하게 한다 하더라도, 다른 한 사람이 밥 한 끼 먹을 동안 이 법을 바르게 사유(正思)한다면, 앞의 공덕보다 훨씬 커서 비교할 수가 없을 것이다"라고 하셨다.

또 『반야경』에서 말씀하시되,

"한 생각에서라도 깨끗한 믿음(淨信)을 내는 중생들을 여래께서는 모두 알고 모두 보신다. 이 중생들은 한량없는 복덕을 얻을 것이다"라고 하셨다.

그러므로 알라. 천 리 길을 가고자 하면 반드시 첫걸음을 바르게 디뎌야 하니, 첫걸음을 잘못 디디면 천 리 길이 다 어긋나버릴 것이다. 무위의 나라(無爲國, 열반의 나라)에 들어가려 한다면 첫 믿음을 바르게 해야 하나니, 첫 믿음을 잃어버리면 만 가지 선(善)이 모두 물러가버린다.

그러므로 조사(승찬 대사)가, (『신심명』에서)

"털끝만큼이 어긋나도 하늘과 땅 사이처럼 멀어진다"라고 말씀하신 것이 바로 이 도리이다.

或曰, 初發信心, 未能入道, 有利益不?

曰, 起信論云: "若人聞是法已, 不生怯弱, 當知, 是人, 定紹佛種, 必爲諸佛之所授記.

假使有人, 能化三千大千世界滿中衆生, 令行十善, 不如有人, 於一念頃, 正思唯此法, 過前功德, 不可爲喩"

又般若經云: "乃至一念生淨信者, 如來悉知悉見, 是諸衆生, 得如是無量福德"

是知, 欲行千里, 初步要正, 初步若錯, 千里俱錯. 入無爲國, 初信要正, 初信旣失, 萬善俱退.

故祖師云: "毫釐有差, 天地懸隔", 是此理也.

◦◦◦

── 위에 인용된 "만일 어떤 사람이 이 법을 듣고 두려워하거나 약한 마음을 내지 않는다면"이라는 『대승기신론』 구절은 『금강경』 「이상적멸분」의 "어떤 사람이 이 경전을 듣고 놀라지 않고 두려워하지 않고 겁내지 않으면"이라는 구절과 통한다.

중생은 왜 경전 속 부처님 말씀을 들으면 두려워하고 놀랄까?

『금강경』의 위 구절에 대한 육조혜능의 해설을 간명히 정리하면 다음과 같다.

> 성문(聲聞)은 오랫동안 법상(法相, 존재의 모양)에 집착하고, 유위(有爲, 함이 있음, 조작)의 이해에 집착한다. 그래서 모든 것은 본래 공(空)한 것이며, 문자가 거짓으로 세운 것이라는 점을 알지 못한다. 그러다가 '모든 상(相)은 생겨나지 않았다(諸相不生)는 말에 곧 부처가 된다'라는 경전의 말씀을 듣고는 놀라고 두려워한다. 오직 상근기의 보살은 이 이치를 듣고 환희하며 받아 지녀서 마음에 두려움과 겁이 없어 물러나지 않는다. 이와 같은 무리는 매우 희유하다.
>
> ―『금강경오가해』

부처님 말씀을 듣고 성문도 이렇게 놀라니 중생이야 두말할 여지가 있겠는가?

──'욕망을 멀리하고 버려라', '나와 세계는 생겨난 것이 아닌 꿈과 같은 것이다(諸相非相)', '모든 것은 그 실체가 없다(諸法無我)', '불행뿐 아니라 행복도 번뇌고 고통이다(一切皆苦)' 등과 같은 부처님 말씀은 중생의 관습적 삶과 관성적 생각을 근본적으로 뒤집어엎는 것이다. 삶에 대한 깊은 성찰과 고민 없이 살아가는 중생에게 이런 말씀은 참 부담스럽고 충격적이며 두려운 것일 테다. 그 말씀을 듣고 받아들이면 자기 존재가 깡그리 부정될 것처럼 여겨지기 때문이다. 어떻든 중생의 생각은 완전히 틀렸고 부처님의 말씀은 절대적으로 진실하다.

가령 중생은 '존재(有)는 있는 것이다'라는 견해에 집착하여 스스로 거기서 벗어나지 못한다. 마치 폭포 격랑에 휩쓸려 떠내려가면서도 스스로 거기서 벗어나지 못하는 것과 같다. 이것이 유폭류(有暴流, 존재에 대한 폭포수 같은 집착)이다. 부처님이 그런 중생을 구제해주려고 '존재는 없는 것이다'라고 말씀해주신다. 그러자 중생은 부처님의 그 말씀에 깜짝 놀라 두려워할 뿐 더 들어보려 하지 않는다. 그런 중생은 유폭류로부터 헤어 나올 수가 없다.

또 중생은 '내가 있다'라는 견해에 집착하여 스스로 거기서 벗어나지 못한다. 폭포 격랑에 휩쓸려가면서 스스로 벗어나지 못하는 것과 같다. 이것이 무명폭류(無明暴流, 무명은 무아를 모르는 것)이다. 부처님이 그런 중생을 구제해주려고 '나는 없다'라고 말씀해주신다. 그러자 중생은 부처님의 그 말씀에 깜짝 놀라 두려워할 뿐 꾸준하게 들어보려 하지 않는다. 그런 중생은 무명폭류로부터 헤어 나올 수가 없다.

지금 자기를 휩쓸어가고 있는 폭포 격랑이 자기를 죽게도 할 두려운 것인 줄 알고 거기서 벗어나기 위해서는, 먼저 부처님의 말씀에 대한 두려움을 내려두고 그 말씀을 귀담아들을 수 있어야 한다. '얼토당토않네'가 아니라 '그럴지도 모르겠네'라며 부처님의 가르침으로 다가가며 미약하나마 '첫 믿음'을 가질 수 있어야 한다. 그것이야말로 두려운 폭포 격랑에서 벗어나는 단초요, 동력이 된다.

부처님 말씀이 담긴 경전을 보거나 듣고서 두려움을 내려두는 것이 그래서 중요하다.

──── 초발신심(初發信心)은 처음으로 믿음을 일으킨 마음이다. 깨달음을 향한 첫 마음이기도 하여 초발심이라고도 일컫는다. 초발심은 깨달음으로 가는 출발점이면서도 도착점인 깨달음 못지않다.

위 『진심직설』 구절에서 초발신심 혹은 초발심의 공덕을 강조했는데, 그런 점은 『화엄경』에서 거듭 확인할 수 있다. 『화엄경』은 「십주품(十住品)」에서 십주(十住, 보살이 수행하는 과정에서 거치는 52단계 중 제11위에서 제20위까지 단계)를 설명하되, 첫 단계를 '발심위(發心位)'라고 설정하고 자세한 설명을 덧붙인다. 나아가 「초발심공덕품(初發心功德品)」에서 초발심의 공덕을 다시 찬양하니, 아래 게송에서 가장 뚜렷하다.

시방의 여러 세계 모든 여래들
초발심을 다 같이 찬탄하노니
이 마음 한량없는 덕으로 장엄하며

저 언덕 이르러서 부처님과 같으리.

의상 대사 「법성게(法性偈)」의 유명 구절 "초발심시변정각(初發心時便正覺, 초발심을 낼 때 그 마음이 곧 깨달음이다)"도 이런 가르침의 압축이다.

제
2
장

·

진심의 다른 이름들

眞 心 異 名

왜 '진심'이라
부르나요?

문— (진심에 대한) 바른 믿음(正信)을 내긴 했습니다만, 왜 진심이라 부르는지는 아직 모르겠습니다.
답— 허망한 것으로부터 떠났으므로 진(眞)이라 하고, 신령스럽게 비추니 심(心)이라 한다.『능엄경』이 이 심(心)을 밝혔느니라.

或曰, 已生正信, 未知, 何名眞心.
曰, 離妄名眞, 靈鑑曰心, 楞嚴經中, 發明此心.

⋯

── '진심'이란 이름의 뜻을 '진'과 '심'으로 나누어 설명했다. '진(眞)'은 '허망한 것으로부터 떠난 것'이라 했다. '어떠하다'라고 규정하지 않고 '어떠하지 않다'라고 설명한 것이다. '진'은 '허망하지 않은 것'이다. '허망하지 않은 것'이란 '허망한 것'들을 모두 제외하고 난 뒤 남는 것이다. 『원각경』에 "모든 환을 다 제거하면" 마침내 "환 아닌 것"만이 드러난다고 했다. 여기서도 '허망한 것'을 제외하여서 마침내 허망하지 않은 것이 드러나게 했다. 앞의 서문에서 "참으로 의심이 없는 경지에 이르면 탁 트이고 드넓은 허공과 같아진다"라고 했는데, 바로 그 허공과 같은 것이 '진'이다. 허공에는 허공 꽃이나 구름과 같은 허망한 것이 가득 차 있다. 그러나 그런 허망한 것들은 실체가 없는 것이며, 마침내 사라진다. 그러면 그것들을 담았던 허공이 나타난다. 이것이 '진'이다.

── '심(心)'은 '영감(靈鑑)'이라 했다. '영감'은 '신령스럽게 비치다'로도, '신령스럽게 비추다'로도 해석할 수 있다. 전자가 소극적 비침인 반면, 후자는 적극적 비춤이다. 허공 같은 '진'이 '마음'으로 작용하는 바를 설명한 것이다. 이 같은 마음의 작용은 지눌 선사 『수심결』의 "공적한 가운데의 신령스러운 지혜(空寂靈知)"나 서산 대사 『선가귀감』의 "밝고 밝은 신령스러움(昭昭靈靈)"과 같은 것이다.

그런데 마음을 이렇게 '어떠어떠한 것'으로 규정하고 작용의 주체로 부각하면 중생으로 하여금 그것에 집착하게 만들 위험이 생긴다. 마음을 그냥 '텅 빈 것'으로 떠올리는 것과 '공적한 가운데 신령스러운 것'으로 떠올리는 것을 두고 바짝 긴장하여 사유하고 성찰해야 할 것이다.

──『능엄경』이 심(心, 마음)을 밝혔다고 했다.『능엄경』에서 부처님은 아난과의 문답을 통해서 분별심과 마음의 차이를 밝혀주고 중생이 생사윤회에서 벗어나지 못하는 이유를 설명해주신다.

즉, 부처님은 아난에게 눈앞의 물체(객관 대상)를 보는 것이 무엇인지 묻는다. 아난은 자기 눈과 마음이라 답한다. 아난이 '마음'이라 지칭한 것은 진짜 마음이 아니고, 눈앞 물체의 허망한 모양에서 야기된 '생각(분별심, 망상)'일 따름이다. 아난은 그 분별심을 자기 '진심(眞心, 참마음)'이라 착각해왔다. 중생들도 다 그러하다. 그 분별심이 진성(眞性, 참성품)을 흐리게 하고 안 보이게 해왔다. 그래서 중생은 본래부터 언제나 있어온 그 참마음을 보지 못하고 잊어버리고 잃어버렸다. 그 결과, 오직 분별 망상만이 활개를 치게 되었다. 그것이 생사윤회하는 망상을 만들어내었고, 중생으로 하여금 거기에 집착하여 헤어 나오지 못하게 한 것이다.

경전에 나오는
진심의 다른 이름들

문— 오직 진심이라고만 하였나요? 아니면 다른 이름도 있나요?
답— 부처님의 가르침과 조사의 가르침에서 사용하신 (진심의) 이름들이 같지 않다.
먼저 경전의 부처님 가르침에서 보자.
『보살계(菩薩戒)』에서는 심지(心地)라 했다. (진심은) 온갖 선(善)을 생겨나게 하기 때문이다.
『반야경』에서는 '보리(菩提)'라 불렀다. (진심은) 깨달음의 본체가 되기 때문이다.
『화엄경』에서는 '법계(法界)'라 했다. (진심에서는) 따로 있던 것들이 서로 사무치고 어울려서 한 덩어리가 되기 때문이다.
『금강경』에서는 '여래(如來)'라 불렀다. (진심은) 온 곳이 없기 때문이다.
『반야경』에서는 '열반(涅槃)'이라 불렀다. (진심은) 뭇 성인들이 돌아가는 곳이기 때문이다.

『금광명경(金光明經)』에서는 '여여(如如)'라 했다. (진심은) 참답고 영원해서 변하지 않는 까닭이다.

『정명경(淨名經)』에서는 '법신(法身)'이라 했다. (진심은) 보신과 화신이 의지하는 곳이기 때문이다.

『대승기신론』에서는 '진여(眞如)'라 했다. (진심은) 불생불멸하기 때문이다.

『열반경』에서는 '불성(佛性)'이라 불렀다. (진심은) 삼신(법신, 보신, 화신)의 본체이기 때문이다.

『원각경』에서는 '총지(總持)'라 했다. (진심은) 공덕이 나오는 곳인 까닭이다.

『승만경』에서는 '여래장(如來藏)'이라 하였다. (진심은) 가려졌지만 두루 머금고 있기 때문이다.

『요의경(了義經)』에서는 '원각(圓覺)'이라 하였다. (진심은) 홀로 빛나서 어둠을 깨뜨리기 때문이다.

이런 까닭으로 영명연수 선사의 『유심결(唯心訣)』에서 말씀하시되, "하나의 법인데 천 가지 이름이 있으니, 인연 따라 이름을 붙였기 때문이다"라고 하셨다.

여러 경에 두루 있지만 이루 다 인용하지 못한다.

或曰, 但名眞心? 別有異號耶?

曰, 佛敎祖敎, 立名不同. 且佛敎者,

菩薩戒, 呼爲心地, 發生萬善故.

般若經, 喚作菩提, 與覺爲體故.

華嚴經, 立爲法界, 交徹融攝故.

金剛經, 號爲如來, 無所從來故.

般若經, 呼爲涅槃, 衆聖所歸故.

金光明, 號曰如如, 眞常不變故.

淨明經, 號曰法身, 報化依止故.

起信論, 名曰眞如, 不生不滅故.

涅槃經, 呼爲佛性, 三身本體故.

圓覺中, 名曰總持, 流出功德故.

勝鬘經, 號曰如來藏, 隱覆含攝故.

了義經, 名爲圓覺, 破暗獨照故.

由是, 壽禪師 唯心訣云: "一法千名, 應緣立號"

備在衆經, 不能具引.

⋯

──경전에 등장하는 진심의 다른 이름들을 열거했다. 그 의미는 이러하다.

심지(心地) : 마음의 땅, 마음의 바탕.

보리(菩提) : 깨달음의 지혜, 깨달음에 도달하는 길.

법계(法界) : 진리의 세계.

여래(如來) : 부처, 여여히 옴, 진여에서 옴.

열반(涅槃) : 일체 속박에서 해탈한 최고 경지.

여여(如如) : 흔들림 없는 한결같음.

법신(法身) : 보신·화신과 더불어 삼신의 하나, 있는 그대로의 진리.

진여(眞如) : 모든 현상의 있는 그대로의 본성, 궁극적 진리, 중생이 본래 갖추고 있는 청정한 성품.

불성(佛性) : 부처를 이룰 수 있는 근본 성품, 중생이 본래 갖추고 있는 근본 성품.

총지(總持) : 다라니, 가르침을 마음에 간직하여 잊지 않는 능력과 지혜, 신비한 힘을 가진 주문.

여래장(如來藏) : 중생 마음속에 간직되어 있는 부처의 성품.

원각(圓覺) : 원만한 깨달음, 부처님의 원만한 깨달음.

──중생인 우리가 본래 갖추고 있다는 '진심'이 다르게 불린 사례들

을 다시 나누어 보면 이렇게 된다.

'보리', '법계', '진여', '열반' 등은 완전한 진리를 환기한다.

'여래', '법신', '불성' 등은 부처님을 환기한다.

'원각'은 완전한 깨달음을 환기한다.

진심에 대한 이런 명명법에 '중생이 부처다'라는 근본 가르침이 깃들어 있다. 무엇보다 '여래장'이란 이름에서 그러하다. 중생에게 본래부터 있는 진심의 다른 이름이 여래장이다. 여래장은 중생 마음속에 간직되어 있는 부처의 성품이다. 고로 진심도 중생에게 있는 부처의 성품이다.

—— 정언 선사는 경전에서 진심의 다른 이름들을 찾아내어 설명하면서 진심의 속성을 더 넓게 밝혀주셨다. 즉, 진심은 온갖 선을 생겨나게 한다. 진심은 깨달음의 본체가 된다. 진심은 뭇 성인들이 돌아가는 곳이 된다. 진심은 생겨나지 않았기에 소멸하지도 않는다(불생불멸)는 뜻에서 영원한 것이다. 진심은 뭇 공덕이 나오는 곳이다. 진심은 가려졌지만 두루 머금는다. 진심은 홀로 빛을 내어 어둠을 깨뜨리는 것이다.

조사들이 구사하신
진심의 다른 이름들

문 — 부처님 가르침에서의 (진심의 다른) 이름은 이미 알았거니와 조사의 가르침에서는 어떻게 (달리) 부르는지요?

답 — 조사의 문하에서는 이름이나 말을 끊어버리고 한 이름도 세우지 않거늘 어찌 여러 가지 이름이 있겠는가? 그러나 느낌에 호응하고 근기를 따르기에 그 이름 또한 많다.

어떤 때는 '자기(自己)'라 부르니, (진심이) 중생들의 본 성품이기 때문이다.

또 어떤 때는 '정안(正眼, 바른 안목)'이라 부르니, (진심이) 모든 형상을 환히 비추기 때문이다.

어떤 때는 '묘심(妙心)'이라 부르니, (진심이) 텅 비고 신령스럽고 고요하며 항상 비추기(虛靈寂照) 때문이다.

또 어떤 때는 '주인옹(主人翁)'이라 부르니, (진심이) 본래부터 모든 책임을 다 짊어지기 때문이다.

때로는 '밑 없는 발우(無底鉢)'라 부르니, 어디 가든지 (진심으로) 살 수 있기 때문이다.

때로는 '줄 없는 거문고(沒絃琴)'라 부르니, (진심이 견문각지 하는) 지금 소리를 내기 때문이다.

때로는 '꺼지지 않는 등불(無盡燈)'이라 부르니, (진심이) 미혹한 마음을 비추어 깨뜨리기 때문이다.

때로는 '뿌리 없는 나무(無根樹)'라 부르니, (진심의) 뿌리와 꼭지가 견고하기 때문이다.

때로는 '취모검(吹毛劍, 칼날에 터럭을 올려두고 불면 잘린다는 명검. 깨달은 이의 지혜)'이라 부르니, (진심이) 육근과 육진을 전부 잘라버리기 때문이다.

때로는 '함이 없는 나라(無爲國)'라 부르니, (진심이) 바다같이 편안하고 강같이 맑기 때문이다.

때로는 '모니주(牟尼珠, 여의주)'라 부르니, (진심이) 가난한 이를 구제하고 도와주기 때문이다.

때로는 '열쇠 없는 자물쇠(無鑐鎖)'라 부르니, (진심이) 육정(六情, 안·이·비·설·신·의에서 생겨나는 마음)을 막아주기 때문이다.

나아가 '진흙소(泥牛)', '목마(木馬)', '마음 근원(心源)', '마음 도장(心印)', '마음 거울(心鏡)', '마음 달(心月)', '마음 구슬(心珠)' 등이라고도 부른다. 그 외 갖가지 다른 이름들을 이루 다 기록하지 못한다.

만약 진심을 통달하면 모든 이름의 뜻을 다 분명하게 알 수 있지만, 진심에 어두우면 모든 이름에 다 막힐 것이다.

그러므로 진심에 대해 간절하고도 자세히 알아야 할 것이다.

或曰, 佛敎已知, 祖敎何如?

曰, 祖師門下, 杜絶名言, 一名不立, 何更多名? 應感隨機, 其名亦衆.

有時, 呼爲自己, 衆生本性故.

有時, 名爲正眼, 鑑諸有相故.

有時, 號曰妙心, 虛靈寂照故.

有時, 名曰主人翁, 從來荷負故.

有時, 呼爲無底鉢, 隨處生涯故.

有時, 喚作沒絃琴, 韻出今時故.

有時, 號曰無盡燈, 照破迷情故.

有時, 名曰無根樹, 根蒂堅牢故.

有時, 呼爲吹毛劍, 截斷塵根故.

有時, 喚作無爲國, 海宴河淸故.

有時, 號曰牟尼珠, 濟益貧窮故.

有時, 名曰無鑐鏁, 關閉六情故.

乃至, 名泥牛, 木馬, 心源, 心印, 心鏡, 心月, 心珠, 種種異名, 不可具錄.

若達眞心, 諸名盡曉, 昧此眞心, 諸名皆滯.

故於眞心, 切宜子細.

⋯

―― 경전의 가르침과는 달리 조사의 가르침은 이름이나 말을 사용하지 않는 것이 원칙이다. 언어로 설명하기 어렵고 설명해서도 안 되는 '진심'에 대해서는 더욱 그러하다. 그러나 조사들은 중생의 느낌에 호응하고 그 근기에 맞춰주기 위해 이름을 활용했다. 그래서 조사문에서도 진심의 다른 이름들이 많다.

―― 조사들은 진심을 개념적으로 설명하기보다는 구체적 사물의 비유를 더 많이 활용했다. 개념적으로 사유하는 것보다는 사물의 경험을 바로 환기한 것이다.
 '정안', '묘심', '함이 없는 나라' 등이 개념적 설명이라면, 그 외 대부분은 일상에서 맞닥뜨리는 사물의 비유이다. '주인옹', '밑 없는 발우', '줄 없는 거문고', '꺼지지 않는 등불', '뿌리 없는 나무', '취모검', '모니주', '열쇠 없는 자물쇠' 등은 일상적 비유이다. 이런 비유는 앞에서 본 경전의 사례에서는 없던 것들이다. 조사들이 중생의 느낌과 근기에 얼마나 자상하게 호응했는가를 알 수 있다.

―― 구체적 사물의 비유를 통해서 조사들이 가르쳐준 진심의 속성은 이런 것이다.
 진심은 중생들의 본 성품이다.

진심은 모든 형상을 밝게 비춰준다.

진심은 텅 비어 신령스럽고 고요하면서 항상 비춘다.

진심은 본래부터 나의 모든 책임을 다 짊어진다.

어디 가든지 진심만 보고 알면 잘 살 수 있다.

진심은 보고 듣고 지각하고 아는 지금 이 순간을 알려준다.

진심은 마음의 미혹한 부분을 비추어 깨뜨려준다.

진심은 견고하여 흔들리지 않는다.

진심은 육근과 육진을 전부 잘라버린다.

진심은 편안하고 맑다.

진심은 가난한 이를 구제하고 도와주게 한다.

진심은 기쁨, 노여움, 슬픔, 즐거움, 사랑, 미움의 감정을 막아준다.

제3장

진심의 오묘한 본체

眞心妙體

움직이지도 않고 흔들리지도 않아서
항상 고요하다

문 ─ 진심의 이름에 대해서는 잘 알았습니다. 그렇다면 진심의 본체는 어떠합니까?

답 ─ 『방광반야경(放光般若經, 마하반야바라밀경)』에서 말씀하시기를, "반야는 형상이 없기에, 생멸하는 형상도 없다"라고 하셨다.

『대승기신론』에서 말씀하시기를,

"진여 자체는 범부, 성문, 연각, 보살, 부처 사이에 더하거나 덜하지 않는다. 과거에 난 것도 아니고 미래에 사라지는 것도 아니다. 언제나 변하지 않고 원래부터 그 성품 속에 온갖 공덕을 다 갖추고 있다"라고 하셨다.

이런 경론에 의거하자면 진심의 본체는 인과를 초월하고 고금(古今)을 관통한다. 범부와 성인을 차별하지 않고 상대적 관계를 만들지 않는다. 마치 허공이 모든 곳에 두루 한 것과 같이, 진심의 오묘한 본체는 고요하여 온갖 희론(戱論, 진리에 어긋난 생각이나 그릇된 집착에서 비롯된 허망한 말)을 끊었으니, 생기지도 않고 없어지지도 않으며, 있는 것도 아니고 없는 것도 아니며, 움직이지도 않고 흔들리지도 않아서 항상 고요히 머문다.

그래서 '옛날의 주인옹(舊日主人翁)'이라 부르거나, '위음왕(威音王, 최초 부처님) 이전의 사람(최초보다 더 이전의 사람)'이라고 부르며, '공겁(空劫, 최초의 시간) 이전의 자기'라고도 부른다.

或曰, 眞心, 已知名字, 其體, 如何耶?
曰, 放光般若經云: "般若, 無所有相, 無生滅相"
起信論云: "眞如自體者, 一切凡夫聲聞緣覺菩薩諸佛, 無有增減, 非前際生, 非後際滅, 畢竟常恒, 從本已來, 性自滿足, 一切功德"
據此經論, 眞心本體, 超出因果, 通貫古今, 不立凡聖, 無諸對待.
如太虛空, 徧一切處, 妙體凝寂, 絶諸戲論, 不生不滅, 非有非無, 不動不搖, 湛然常住.
喚作, 舊日主人翁, 名曰, 威音那畔人, 又名, 空劫前自己.

―― 『방광반야경』에서 "반야는 형상이 없기에, 생멸하는 형상도 없다"라고 했다. 반야를 진심의 본체로 보아도 좋다. 진심의 본체는 형상이 없으므로 나고 죽는 생멸의 형상도 없다. 나고 죽는 형상이 없다는 것은 나고 죽는 것으로부터 해방된 것, 즉 불생불멸 하다는 뜻이다.

―― 진심의 근본 성격을 본격적으로 설명했다. '오묘한 본체'라고 명명함으로써 그것이 중생의 상식적 관념과 논리를 벗어난다는 것을 강조했다. "인과를 초월하고 고금을 관통한다", "범부와 성인을 차별하지 않고 상대적 관계를 만들지 않는다", "과거에 난 것도 아니고 미래에 사라지는 것도 아니다"라고 한 것이 그것이다.

―― 이처럼 진심의 본체가 상식적 관념과 논리를 벗어나기에, 그것을 믿거나 이해하는 쪽에서도 분별적 양분법을 벗어나야 한다.

> 생기지도 않고 없어지지도 않으며, 있는 것도 아니고 없는 것도 아니며, 움직이지도 않고 흔들리지도 않는다.

이렇게 『대승기신론』은 진여를 설명했다. 이것은 진심의 본체에 대한 설명이기도 한데, 양분법에 갇히는 한 그에 대한 이해는 불가능하다. 일체 희론을 내려두고 그에 대한 사유를 계속해야 할 것이다.

──── 진심은 "움직이지도 않고 흔들리지도 않아서 항상 고요히 머문다"로 귀결된다. 진심이 그러하기에 진심을 믿는 마음도 그러하다는 뜻이다.『화엄경』「초발심공덕품」의 "믿는 마음 동요하지 않음이 수미산 같다"라는 구절이 이를 말한다.

홀로 높고
홀로 존귀하다

한결같이 평안한 마음은 털끝만 한 티에도 가려지지 않으니, 산하대지와 초목과 숲과 삼라만상과 온갖 더럽고 깨끗한 존재들이 모두 그 마음으로부터 나왔다.

그러므로 『원각경』에서 말씀하시기를,

"선남자야, 가장 높은 법왕에게 큰 다라니문(摠持, 모든 것을 포함한 것)이 있으니 원각이라 부른다. 그 원각이 온갖 청정한 진여와 보리와 열반과 바라밀 등을 유출시켜 보살을 가르친다"라고 하셨다.

또 규봉(圭峰宗密)께서 이르시기를,

"마음이란 텅 비어 오묘하고 순수하며, 환하게 빛나며, 신령스럽고 밝으며, 가는 것도 없고 오는 것도 없어서, 가만히 삼제(三際, 과거·현재·미래)에 통한다.

또 마음은 가운데에 있는 것도 아니고 밖에 있는 것도 아니어서, 시방(十方, 모든 공간)을 꿰뚫었다. 소멸하는 것도 아니고 생겨나는 것도 아니니, 어찌 사산(四山, 아상·인상·중생상·수자상)이 해칠 수 있겠는가. 성품 자리로부터 떠나고 형상으로부터도 떠났으니, 어찌 오색(五色, 청·황·적·백·흑)이 눈을 멀게 하겠는가"라고 하셨다.

그러므로 영명(永明) 선사가 『유심결』에서,

"대저 이 마음이라는 것은 온갖 오묘함과 신령함(衆妙群靈)이 다 모인 것이라 모든 법의 왕이 되고, 삼승(三乘, 성문·연각·보살)과 오성(五性, 삼승 및 인간계와 천상계에 태어나고 싶어 하는 존재)이 가만히 귀의하니 1천 성인의 어머니가 된다. 홀로 높고 홀로 존귀(獨尊獨貴)하여 견줄 수도 없고 짝할 수도 없으니, 실로 대도(大道)의 근원이요, 진법(眞法)의 핵심이다"라고 말씀하셨다.

一種平懷, 無纖毫瑕, 一切山河大地, 草木叢林, 萬象森羅, 染淨諸法, 皆從中出.
故圓覺經云:"善男子, 無上法王, 有大陀羅尼門, 名爲圓覺, 流出, 一切淸淨眞如菩提涅槃及波羅密, 敎授菩薩"
圭峯云:"心也者, 沖虛妙粹, 炳煥靈明, 無去無來, 冥通三際, 非中非外, 洞徹十方. 不滅不生, 豈四山之可害? 離性離相, 奚五色之能盲?"
故, 永明唯心訣云:"夫此心者, 衆妙群靈而普會, 爲萬法之王, 三乘五性而冥歸, 作千聖之母. 獨尊獨貴, 無比無儔, 實大道源, 是眞法要"

─── **마음이 평안하여 털끝만 한 티에도 가려지지 않는다** : 마음(진심)을 가리는 것이 전혀 있을 수 없다는 뜻이다. 그래서 거대한 허공처럼 그 속에 모든 것을 담을 수 있다. 더 나아가 마음이 모든 것, 즉 산하대지와 초목과 숲과 삼라만상을 만들어낸다고 했다. 이는 『화엄경』의 '일체유심조(一切唯心造)'와 같은 말이다. 우리가 지금 지각하고 있는 모든 객관 대상들은 사실 내 마음이 만들어낸 것이다.

─── 『원각경』이 말하는 "가장 높은 법왕"은 부처님이다. 부처님이 '원각'이라는 다라니를 간직하고 계신다. 그런데 우리가, 혹은 우리의 진심이 바로 부처님이다. 부처님의 원각은 우리 진심의 원각이기도 하다. 진여, 보리, 열반, 바라밀을 내어 보살을 가르치는 분은 부처님이면서 우리의 진심이다. 이것이 진여훈습(眞如薰習, 진여가 깨달음에 영향을 줌)이다.

─── 규봉(圭峰宗密, 780~841)과 영명(永明)의 말씀은 지금까지 설명한 진심의 오묘한 본체를 총망라했다.

    진심은 텅 비어 묘하고 순수하다.
    진심은 환하게 빛난다.

진심에서는 가는 것도 없고 오는 것도 없어서, 과거와 현재와 미래 등 모든 시간에 다 통한다.

진심은 가운데에 있는 것도 아니고 밖에 있는 것도 아니어서, 모든 방향의 공간을 꿰뚫는다.

진심은 생겨나는 것도 아니고 소멸하는 것도 아니어서, 아상 등이 오염시키거나 해치지 못한다.

진심은 형상을 떠나 있기에 형상에 끌려가지 않는다.

진심은 온갖 오묘함과 신령함이 다 모인 것이기에, 모든 법의 왕이 된다.

진심은 성문, 연각, 보살, 인간, 천신 등이 귀의하는 곳이다.

진심은 홀로 높고 홀로 존귀하다.

진심은 대도의 근원이요, 진법(眞法)의 핵심이다.

—— 진심이 "홀로 존귀(獨尊獨貴)하여 견줄 수도 없고 짝할 수도 없다"라는 구절은 이 세상에 태어나신 부처님의 첫 말씀 '천상천하유아독존(天上天下唯我獨尊)'을 연상케 한다. 아기 부처님은 태어나자마자 이 세상 모든 존재가 다 갖추고 있는 그 진심 혹은 진여를 바라보고 확인하라고 선언하신 것이다.

이 마음을 통달하면
낱낱이 다 옳으며

믿을지라.
삼세의 보살이 함께 배운 것이 이 마음이요,
삼세의 부처님들이 함께 증득한 것도 이 마음이며,
방대한 대장경이 가르치고 드러낸 것도 이 마음이다.

일체중생이 미망에 빠진 것은 이 마음을 모른 것이고,
일체 수행자가 깨달은 것은 이 마음을 깨달은 것이다.

모든 조사들이 서로 전한 것도 이 마음을 전한 것이요,
천하 납자(衲子)들이 두루 참구한 것도 이 마음을 참구한 것이다.

이 마음을 통달하면 낱낱이 다 옳고 물건마다 다 드러나며,
이 마음을 모르면 곳곳이 뒤바뀌고 생각마다 어리석고 미쳐버린다.

信之,

則三世菩薩, 同學, 盖學, 此心也.

三世諸佛, 同證, 盖證, 此心也.

一大藏教, 詮顯, 盖顯, 此心也.

一切衆生, 迷妄, 蓋迷, 此心也.

一切行人, 發悟, 蓋悟, 此心也.

一切諸祖, 相傳, 蓋傳, 此心也.

天下衲僧, 參訪, 蓋參, 此心也.

達此心則, 頭頭皆是, 物物全彰,

迷此心則, 處處顛倒, 念念痴狂.

── 마음이 이 세상 존재들을 다 만들어냈고 또 만들어내고 있다. 그러니 모든 존재의 본질을 알 수 있는 실마리가 마음에 다 깃들어 있다. 마음을 알면 모든 것을 다 알 수 있다.

보살이 배운 것도 마음이고, 부처님이 깨달은 것도 이 마음이다. 팔만사천 대장경도 이 마음을 설명한 것이다. 마음을 몰라 중생은 미망에 빠졌고, 마음을 알고서 도인은 깨달았다. 수행은 마음을 닦고 알고 바라보는 것이다.

── 마음만 알면 '나'뿐만 아니라 온 세상 온갖 사물과 현상이 다 옳게 된다. 마음을 모르면 곳곳이 뒤죽박죽이 되고 생각마다 어리석어 미치게 된다.

── "낱낱이 다 옳고 물건마다 다 드러나며"라는 뜻의 '두두개시 물물전창(頭頭皆是 物物全彰)'은 선가에서 널리 쓰이는 문구이다. 이 마음에만 통달하면 내가 만나는 온 세상 사물과 현상이 다 위대한 진리요, 부처님의 가르침이라는 메시지다. 비슷한 어구가 많다.

사물 하나하나가 모두 도(道)이고 사물 하나하나가 전부 진리라는 뜻의 '두두시도 물물전진(頭頭是道 物物全眞)'.

사물 하나하나가 모두 다 그대로 부처님의 나타남이라는 뜻의 '두두물물 진로현신(頭頭物物 眞露現身)'.

사물 하나하나 곳곳이 다 불상이요 일마다 불공이라는 뜻의 '두두물물 처처불상 사사불공(頭頭物物 處處佛像 事事佛供)'.

진심으로 들어가는 침묵

진심의 본체는 일체중생이 본래부터 지니고 있는 불성이며, 일체 세계가 발생한 근원이다. 그러므로 부처님께서 영취산(靈鷲山)에서 침묵하셨고, 수보리 존자는 바위 밑에서 말을 잊었으며, 달마는 소림사 굴에서 벽만 보고 있었고, 유마(維摩) 거사(유마힐)는 비야리(毘耶離, 인도 북동부 도시 바이샬리)성에서 입을 다물었다.
모두가 진심의 오묘한 본체를 밝히신 것이다.
처음으로 조사의 문 안으로 들어가려는 이는 반드시 먼저 진심의 본체를 알아야 하느니라.

此體, 是一切衆生, 本有之佛性, 乃一切世界, 生發之根源.
故, 世尊, 鷲峯良久, 善現, 巖下忘言, 達磨, 少室觀壁, 居士, 毘耶杜口.
悉皆發明, 此心妙體.
故, 初入祖門庭者, 要先識此心體也.

── 진심의 본체는 일체중생이 본래부터 지니고 있는 불성이다 : '본래성불(本來成佛, 본래 성불해 있다)', '심즉불(心卽佛, 마음이 부처다)', '직심즉불(直心卽佛, 곧은 마음이 부처다)'과 같은 뜻이다.

　　진심의 본체는 일체 세계가 발생한 근원이다 : '일체유심조(一切唯心造)'를 달리 표현한 것이다.

── 부처님께서 영취산(靈鷲山)에서 침묵하셨다 : 부처님이 영취산에서 법문하실 때 문득 침묵하시고 연꽃 한 송이를 들어서 대중에게 보이셨는데, 마하가섭만이 그 뜻을 깨닫고 미소를 지었다(拈花微笑). 이에 부처님은 "나에게 정법안장(正法眼藏), 열반묘심(涅槃妙心), 실상무상(實相無相), 미묘법문(微妙法門)이 있으니 이를 가섭에게 부촉하노라"라고 하셨다. 이로써 부처님의 진리가 마하가섭으로 전해졌다. 즉, 부처님은 침묵을 통해 진심의 오묘한 본체를 드러내신 것이다.

── 수보리 존자는 바위 밑에서 말을 잊었다 : 『열반경』의 이야기다. 수보리 존자가 바위 밑에서 정진하고 있는데 하늘의 제석천이 나타나, "장합니다, 장하십니다"라고 찬탄했다. 그 까닭을 물으니, 제석천은 "존자께서 반야바라밀을 잘 설하셨기 때문입니다"라고 대답했다. 수보리 존자가 "나는 반야를 한 마디도 설한 적이 없는데 어찌 내

가 반야바라밀을 잘 설했다 하시오?"라고 물으니, 제석천은 "존자께서 아무 말도 하지 않으셨고, 나도 아무것도 듣지 않았습니다. 설하지 않고 듣지 않는 이것이 진짜 반야바라밀입니다"라고 말했다. 즉, 반야바라밀은 언어가 아닌 침묵으로 설해지고 전해진다는 것을 가르친다.

── **달마는 소림사 굴에서 벽만 보고 있었다** : 양나라 무제는 불사를 크게 일으켰다. 인도의 달마가 중국으로 와서 알현하자 양 무제가 물었다. "나는 많은 절을 지었고 숱한 경전을 펴냈으며, 수많은 승려들에게 후한 공양을 올렸소이다. 이런 나의 공덕이 얼마나 되겠소?" 달마는 "그 공덕은 한 푼어치도 안 됩니다"라며 무제의 기대를 완전히 저버렸다. 그리고 "진정한 공덕은 밝고 맑은 지혜를 깨쳐 아는 것인데, 그 지혜는 말로 담을 수 없고 침묵 속에 있는 것입니다"라는 말을 남기고 숭산 깊은 골짜기로 들어가 9년간 벽을 바라보며 묵언 수행했다.

── **유마 거사는 비야리성에서 입을 다물었다** : 『유마경』에 나오는 이야기다. 유마 거사가 병이 들었다. 중생이 병들었기 때문이었다. 여러 보살이 병문안했다. 유마 거사는 병문안 온 보살들에게 불이법문(不二法門)이 어떤 것인지 물었는데, 마지막으로 문수보살이 답한다.

> 일체법에 대해 말이 없고 설할 것이 없고 보여줄 것이 없고 알 것이 없나니, 모든 문답을 떠나는 것이 불이법문에 들어가는 것입니다.

이렇게 문수보살은 말을 통한 문답을 중단할 것을 강조한다. 그러나 그 역시 말이었다. 문수보살이 이번에는 유마 거사에게 "당신은 어떻게 불이법문에 들어갑니까?"라고 물었다. 그러자 유마 거사는 침묵하고 아무 말도 하지 않았다. 이에 문수보살이 찬탄했다. "참으로 훌륭하십니다. 문자와 말과 설명, 그 모두가 없는 것이 참으로 불이법문에 들어감입니다."

—— 진심의 오묘한 본체에 대한 질문을 받고 말로써 설명을 계속하다가 결국 침묵을 강조하는 데서 끝났다. 말로 설명을 시작하여 진심의 본체를 이해시키려 했지만, 그럴수록 진심의 본체로부터 더 멀어져갔기 때문이다. 진심의 본체를 알고 느끼는 데는 설명을 듣는 것보다 그것의 작용이나 현상을 관찰하는 것이 더 나을지 모른다. 다음에 '제4장 진심의 묘한 작용'이 붙은 이유이다.

제 4 장

●

진심의 묘한 작용

眞心妙用

바람이 불면
마음이 나무를 흔들고

문— 진심의 오묘한 본체는 알았거니와 진심의 묘한 작용은 어떤 것인지요?

답— 옛사람이 이르시되,

"바람이 불면 마음이 나무를 흔들고, 구름이 일어나면 성품이 번뇌를 일으킨다. 금일의 일을 밝히려고만 한다면 도리어 본래의 사람이 어둡게 된다"라고 하셨으니, 이것은 진심의 오묘한 본체(眞心妙體)가 일으키는 작용을 말한 것이다.

진심의 오묘한 본체는 본래 움직이지 않고 평안하고 고요하고 참답고 한결같다. 그런 본체에서 묘한 작용이 일어나니, 현상의 흐름을 따라 흘러가며 방해받지 않고 묘함을 얻는다.

그러므로 조사(학명 존자)의 송(頌)에 이르시되,

"마음은 온갖 경계를 따라 굴러가지만
굴러가는 곳마다 능히 그윽하다.

따라 흘러가도 그 본성을 체득하면
기쁨도 없고 근심도 없으리라"라고 하셨다.

妙體已知, 何名, 妙用耶?
曰, 古人云:"風動心搖樹, 雲生性起塵, 若明今日事, 昧却本來人", 乃妙體起用也.
眞心妙體, 本來不動, 安靜眞常, 眞體上, 妙用現前, 不妨隨流得妙.
故, 祖師頌云:"心隨萬境轉, 轉處悉能幽, 隨流認得性, 無喜亦無憂"

―― **바람이 불면 마음이 나무를 흔들고, 구름이 일어나면 성품이 번뇌를 일으킨다. 금일의 일을 밝히려고만 한다면 도리어 본래의 사람이 어둡게 된다** : 당말(唐末) 수산주(修山主) 용제소수(龍濟紹修)의 게송이다. 어떤 현상이나 작용에서도 그것을 가능하게 한 마음의 본체를 돌아보도록 한 게송이다. 이는 육조혜능을 둘러싼 다음 일화를 연상시킨다.

―― 육조혜능이 오조홍인으로부터 의발(衣鉢)을 받고 떠나 16년 동안 숨어 지내던 중 법성사(法性寺)에 머물 때였다. 혜능은 학인들이 바람과 깃발을 놓고 다투는 것을 보았다. 한 학인이 "바람이 움직인다"라고 하자 다른 학인은 "깃발이 움직인다"라고 했다. 이를 지켜보던 혜능이, "바람이 움직이는 것도 아니요, 깃발이 움직이는 것도 아닙니다. 마음이 움직이는 것입니다"라고 말했다.

'바람이 움직인다'라고 한 것은 바람이라는 사물의 움직이는 속성에 집착한 주장이다. '깃발이 움직인다'라고 한 것은 바람의 성질이 움직이는 것이기는 하지만 반드시 깃발을 보아야 그 움직임을 알 수 있다는 것으로 현상에 집착한 주장이다. 이에 대해 혜능은 바람이 움직이는 것이나 깃발이 움직이는 것은 둘 다 하나의 마음이 움직이는 현상일 뿐이라고 주장한 것이다. 이는 현상이나 작용에 끌려다니기보다 그

현상이나 작용의 바탕인 마음의 본체를 바라보라고 가르친 것이다.

─── 학명 존자도 게송에서 "온갖 경계를 따라 굴러가도 그 본성을 체득하라"라고 가르친다. 우리가 경계를 따라다닐 때, 그 바탕에 진심의 본체가 있다는 사실을 모르면 좋은 경계, 나쁜 경계, 괴로운 경계에 따라 좋고 나쁘고 괴롭기를 반복한다. 반면 경계를 따라가는 것이 진심의 묘한 작용임을 알면(그 본성을 체득하면) 기쁨도 슬픔도 근심도 일어나지 않는다. 진심의 오묘한 본체는 평안하고 고요하고 참답고 한결같기 때문이다.

잊지 않고
어둡지 않을 것

그러므로 언제나 움직이고 작용하고 베풀고 행동하는 것이나,
동쪽으로 가고 서쪽으로 가는 것이나,
밥 먹고 옷 입는 것이나,
숟가락 들고 젓가락질하는 것이나,
왼쪽으로 돌아보고 오른쪽을 바라보는 것이
다 진심의 묘한 작용이 나타난 것이다.
그러나 범부는 미혹하여 옷을 입을 때는 옷 입는 것만 알고, 밥 먹을 때는 밥 먹는다는 생각만 하니, 일체의 일에서 오로지 상(相)만 따라서 굴러다닐 뿐이다.
그런 까닭으로 매일 일상생활에서 (마음을) 쓰면서도 깨닫지 못하고, (마음이) 눈앞에 있어도 몰라본다.
만약 마음의 성품을 아는 사람이라면, 움직이고 작용하며 베풀고 행위할 때도 그것을 잊지 않고 그것에 어둡지 않을 것이다.

故, 一切時中, 動用施爲, 東行西往, 喫飯着衣, 拈匙弄筋, 左顧右盻, 皆是眞心妙用現前.

凡夫迷倒, 於着衣時, 只作着衣會, 喫飯時, 只作喫飯會, 一切事業, 但隨相轉. 所以, 在日用而不覺, 在目前而不知.

若是識性底人, 動用施爲, 不曾昧却.

─── 우리는 한순간도 진심의 본체에서 떠나 있지 않다. 진심의 작용을 경험하지 않을 때도 없다.

─── 우리가 하는 행동은 시간적으로나 공간적으로 차이가 나지만, 진심의 작용이란 점에서 똑같고 평등하다. 그래서 우리 일거수일투족은 소중하다. 진심의 작용이기 때문이다.

─── 일상생활의 어떤 행동, 어떤 현상에서도 진심의 본체를 찾아볼 수 있다. 그러나 미혹한 범부는 겉으로 드러나 포착되는 현상에만 급급하여 거기 매몰되거나 집착할 뿐이다. 반면 성품을 아는 사람은 모든 일상적 행동과 현상에서 성품(진심)을 찾아본다. 수행은 지속적으로 그렇게 되기 위한 몸부림이다.

일상생활에 미혹하지 않으면
걸림이 없다

그러므로 바라제 존자(婆羅提尊者)께서 이르시기를,
"모태 안에 있을 때는 몸이라 하고
세상에 나오면 사람이라 하며,
눈에 있으면 본다고 하고,
귀에 있으면 듣는다고 하며,
코에 있으면 냄새 맡는다고 하고,
입에 있으면 말한다고 하며,
손에 있으면 붙잡는다고 하고,
발에 있으면 걷는다고 한다.
두루 나타나면 법계에 가득 차고, 거두어들이면 한 티끌 속에 들어간다. 아는 이는 이것이 불성인 줄을 알지만, 모르는 이는 이것을 정혼(精魂, 정령)이라 부른다"라고 하셨다.
그러므로 도오(道吾)가 홀을 들고 춤을 추었고,

석공(石鞏)이 활을 들었고,

비마(秘魔)가 작살을 들었고,

구지(俱胝)는 손가락을 세웠으며,

흔주(忻州)는 땅을 두드렸고,

운암(雲巖)이 사자를 희롱한 것들이

모두 이 마음의 큰 작용을 드러내어 밝힌 것이다.

우리가 일상생활에 미혹하지만 않으면 이리 가나 저리 가나 걸림이 없을 것이다.

故, 祖師云:"在胎名身, 處世名人, 在眼觀照, 在耳聽聞, 在鼻嗅香, 在口談論, 在手執捉, 在足運奔.

徧現, 俱該法界, 收攝, 在一微塵,

知之者, 爲是佛性, 不識者, 喚作精魂"

所以. 道吾舞笏, 石鞏拈弓, 秘魔擎扠, 俱胝竪指, 忻州打地, 雲岩師子, 莫不發明這着大用.

若於日用不迷, 自然縱橫無礙也.

── 진심의 작용 양상에 대한 바라제 존자의 말씀은 『경덕전등록』에 실려 있다. 이 말씀은 지눌 선사의 『수심결』에도 인용되어 있다. 그래서 『진심직설』이 지눌 선사가 지은 것이라고 주장하는 근거가 되기도 했다. 그러나 인용 글귀들을 대조해보고 전후 맥락을 살펴보면 두 책 간 차이가 있어, 같은 저자에 의한 인용일 수 없다는 결론에 이른다. 도리어 이 구절은 『진심직설』의 저자가 지눌 선사가 아니라 정언 선사라는 사실을 지지하는 근거가 된다.

── 진심이 작용하는 8가지 사례를 제시했지만 거기 국한되지 않는다. 우주 법계에 진심이 작용하지 않는 곳이 없다. 그래서 "두루 나타나면 법계에 가득 차고, 거두어들이면 한 티끌 속에 다 들어간다"라고 했다. 이는 「법성게」에서 의상 대사가 "하나의 티끌 가운데 시방세계가 다 들어 있고(一微塵中含十方) 하나하나 티끌 속도 또한 그러하다(一切塵中亦如是)"라고 하신 뜻과 같다. 『화엄경』이 두루 설하는 것도 이 가르침이다.

── **도오가 홀을 들고 춤을 추다** : 도오(769~835)는 북을 치면서 노래를 잘 불렀고, 나무 칼을 어깨에 메고 춤을 추기도 했다. 그에게 도를 물으면 홀[笏, 관료들이 의례에서 손에 드는 좁고 긴 판(板)]을 들고 춤을

추었다.

석공이 활을 들다 : 당나라 석공혜장(石鞏慧藏) 스님은 원래 사냥꾼이었는데 마조 스님을 만나 출가하여 그 법을 이었다. 제자가 법을 물으면 활 쏘는 시늉을 하며 가르쳤다.

비마가 작살을 들다 : 비마 스님은 남악회양 선사의 3세손으로 오대산에 살았다. 작살(扠)을 갖고 있다가 도를 묻는 이가 있으면 그 목에 작살을 겨누고는 "무슨 귀신이 너를 출가시켰느냐? 네가 도를 얻었느냐 못 얻었느냐? 얻었다 해도 찔러 죽이고, 못 얻었다 해도 찔러 죽이겠다"라며 가르쳤다.

구지는 손가락을 세우다 : 구지 스님은 금화산(金華山)에 살았다. 누가 법을 물으면 둘째 손가락을 세우기만 했다.

흔주는 땅을 두드리다 : 흔주자회(忻州自晦) 스님은 마조의 제자다. 누가 법을 물으면 몽둥이로 땅을 두드렸다.

운암이 사자를 희롱하다 : 운암담성 스님(782~841)은 약산(藥山) 스님의 제자로, 호남성 운암산에 살았다. 사자를 키우고 희롱하다가 누가 법을 물으면 사자놀이를 하여 깨닫게 했다.

이상의 도인들은 도, 진심, 불성이 추상적 개념이 아니라 우리 눈앞에 전개되는 사물의 생생한 실상임을 보여주려 했다. 그래서 오직 사물 실상의 체험을 통해서만 깨달을 수 있음을 충격적으로 가르쳤다. 우리도 일상생활의 경험에서 진심을 향하고 있는 정신을 바짝 차리면 깨달을 기회를 얻을 것이다.

제5장

진심의 본체와 작용은
같은가 다른가

眞心體用一異

본체와 작용은 같은 것도 아니고, 다른 것도 아니다

문 — 진심의 본체(體)와 작용(用)은 같은 것입니까, 아니면 다른 것입니까? 그것을 모르겠습니다.

답 — 상(相, 형상)을 따르면 같은 것이 아니요, 성(性, 성품)을 따르면 다른 것이 아니다. 그러므로 본체와 작용은 같은 것도 아니고, 다른 것도 아니다.

어째서 그러한가? 시험 삼아 논해보겠다.

오묘한 본체는 움직이지 않기 때문에 모든 상대가 끊어지고 일체의 형상을 떠났다고 하겠다. 본성을 통달하여 깨달은 이가 아니면 그 이치를 헤아릴 수 없다. 묘한 작용은 인연을 따르는 것이라 1만 가지 형태에 응하여 망령되이 허상을 세우니 형상이 있는 듯하다.

이와 같이 형상이 있는가 없는가에 근거를 두면 (진심의 본체와 작용은) 같은 것이 아니다. 또 작용은 본체로부터 생겨난 것이라 본체를 여의지 않는다. 본체도 능히 작용을 일으키는지라 작용을 여의지 않는다.

이렇게 각각이 서로를 여의지 않는 것을 근거로 하면 서로 다르지 않다. 가령 물은 (움직임이 아니라) 습기를 본체로 삼으니, 본체는 움직이지 않기 때문이다. 파도는 (습기가 아니라) 움직임을 형상으로 삼으니, 바람으로 말미암아 일어나기 때문이다. 물의 성품은 움직이지 않는 것이고, 파도의 형상은 움직이는 것인 고로 같은 것이 아니다. 그러나 파도 밖에 물이 있지 않고, 물 밖에 파도가 있지 않아 습기의 성품은 하나인 고로 다른 것이 아니다.

이상을 미루어 보면 본체와 작용이 같은 것인지 다른 것인지를 가히 알 수가 있다.

或曰, 眞心體用, 未審, 是一是異耶?

曰, 約相, 則非一, 約性, 則非異故, 此體用非一非異. 何以知然, 試爲論之.

妙體不動, 絶諸對待, 離一切相, 非達性契證者, 莫測其理也.

妙用隨緣, 應諸萬類, 妄立虛相, 似有形狀.

約此有相無相故, 非一也.

又用從體發, 用不離體, 體能發用, 體不離用,

約此不相離理故, 非異也.

如水以濕爲體, 體無動故,

波以動爲相, 因風起故.

水性波相, 動與不動故, 非一也,

然波外無水, 水外無波, 濕性, 是一故, 非異也.

類上, 體用一異, 可知矣.

⋯

—— 본체(體), 작용(用), 성품(性), 형상(相)이라는 네 가지 개념이 쓰였다. '본체'와 '작용'이 대립하는 짝이고, '성품'과 '형상'이 대립하는 짝이다. 그런데 '본체'와 '성품'은 비슷한 개념으로 쓰이기도 하고, '본체-형상-작용'은 '체상용(體相用)'이라 하여 동일 위상에서 비교되기도 한다. 여기서는 '본체 : 작용'과 '성품 : 형상'의 대립 짝을 중심으로 하고, '본체→성품'과 '작용→형상'의 연결을 중시했다.

—— "본체와 작용은 같은 것도 아니고, 다른 것도 아니다(같은 것이기도 하면서 다른 것이기도 하다)"라는 진실을 '물과 파도는 같은 것도 아니고, 다른 것도 아니다'라는 사례를 통해 밝혔다. 형상에 근거를 두는가, 성품에 근거를 두는가에 달렸다. '형상'에 근거를 두면 같은 것이 아니고, '성품'에 근거를 두면 다른 것이 아니다.

—— 이런 관점은 우리가 사람과 세상 만물을 바라볼 때 매우 중요하게 작동되어야 한다. 이 관점은 우리가 양변론(이분법)에 치우치지 않고, 양변론을 넘어서서, 있는 그대로 진실을 바라보는 중도(中道)적 삶을 살아가게 하기 때문이다. 세상 만물을 밖으로 드러난 형상으로만 보면 하나하나가 다 다르다. 분명 연기인연으로 그들은 연결되어 있음에도 불구하고 다르다고만 보니 부당한 차별을 만든 것이다. 반면

세상 만물을 그 바탕에 관철되고 있는 성품으로 보면 모든 것이 다 같다고만 본다. 이 역시 세상 만물의 차이와 특성을 배려하지 않는 것이니, 진실의 왜곡이다.

―― 형상 면과 성품 면을 함께 고려해야 한다. 그러면 본체와 작용은 같은 것이기도 하고, 다른 것이기도 하며, 같기도 하고 다르기도 하다는 결론에 이른다. 이것이 중도이다.

―― 한문 원문에서는 '같다(一)'가 아니라 '다르지 않다(非異)'라고 표현하고, '다르다(異)'가 아니라 '같지 않다(非一)'라고 표현했다. '같다' 혹은 '다르다'는 대상의 어떤 상태를 단정적으로 규정하는 것인 반면, '다르지 않다' 혹은 '같지 않다'는 어떤 범위를 제외한 나머지 영역을 인정하는 것이다. 모든 것을 고정된 실체로 규정하지 않는 선(禪)의 원만함을 보인 표현법이다.

제6장

진심은 미혹된 자에게도 있다

眞心在迷

백옥이 진흙 속에
던져져 있어도

문 ― 진심의 본체와 작용이 사람마다 다 갖춰져 있는데, 어찌하여 성인과 범부가 같지 않습니까?

답 ― 진심은 성인에게나 범부에게나 본래 같았다. 그러나 범부는 망령된 마음으로 사물을 오인해서 자기 청정한 성품을 스스로 망실하고 (사물에) 막혀버렸다.

그런 까닭에 진심은 나타나지 못하게 되었으니, 마치 어둠 속의 나무 그림자나 땅 밑으로 흐르는 샘물처럼, 존재하기는 하지만 알아차려지지 못하는 것과 같다.

그러므로 경전(『원각경』)에서 말씀하시기를,

"선남자야, 비유하자면 청정 마니보주에 오색을 비추면 방향에 따라 각각 다른 색이 나타나니, 어리석은 자들은 그 마니보주를 보고 오색이 마니보주에 진짜 있다고 여긴다.

선남자야, 원각의 청정한 성품이 몸과 마음에 나타나되, 갈래에 따라 각각 다르게 응하니, 어리석은 자들이 (그것을 보고) 청정한 원각에 실로 그러한 몸과 마음의 자성이 있다고 말하는 것도 이와 같은 것이다"라고 하셨다.

『조론(肇論)』에서 말씀하시되,

"하늘과 땅과 우주 가운데에 한 보배가 형상의 산(육신) 속에 감춰져 있다"라고 하셨으니, 이것은 진심이 (우리 번뇌에) 덮여 감춰져 있다는 의미이다.

또 자은(慈恩)이 이르시기를,

"본래부터 있는 법신은 여러 부처님과 (범부들에게) 동일하지만, 범부들은 망념에 덮인 탓으로 (법신이) 있는데도 깨닫지 못한다. 번뇌에 덮여 있어서 '여래장'이란 이름을 얻었다"라고 하셨다.

배공(裵公)도 이르시되,

"하루 종일 완전한 깨달음(圓覺) 상태에 있으면서도 아직 깨닫지 못한 자가 범부다"라고 하셨다.

고로 알라.

진심이 비록 번뇌 속에 있지만 번뇌에 오염되지 않는다. 그것은 마치 백옥이 진흙 속에 던져져 있어도 그 색이 달라지지 않는 것과 같다.

或曰, 眞心體用, 人人具有, 何爲聖凡不同耶?
曰, 眞心, 聖凡本同, 凡夫妄心認物, 失自淨性, 爲此所隔, 所以, 眞心不得現前, 但如暗中樹影, 地下流泉, 有而不識耳.
故, 經云: "善男子, 譬如淸淨摩尼寶珠, 映於五色, 隨方各現, 諸愚痴者, 見彼

摩尼, 實有五色,

善男子, 圓覺淨性, 現於身心, 隨類各應, 彼愚痴者, 說淨圓覺, 實有如是, 身心自性, 亦復如是"

肇論云:"乾坤之內, 宇宙之間, 中有一寶, 秘在形山"

此乃眞心在纏也.

又慈恩云:"法身本有, 諸佛共同, 凡夫由妄覆, 有而不覺, 煩惱纏裏, 得如來藏名"

裴公云:"終日圓覺, 而未嘗圓覺者, 凡夫也"

故知, 眞心, 雖在塵勞, 不爲塵勞所染, 如白玉投泥, 其色不改也.

──── 진심은 부처에게도 범부에게도 다 갖춰져 있다. 그런데도 왜 부처는 부처로 살고 범부는 범부로 사는 것일까? 이런 근본적 질문과 관련된 구절이다.

　범부는 망령된 마음(妄心)으로 세상 만물을 오인해서 자기의 청정한 성품을 스스로 알지 못하고 보지 못하고 느끼지 못한다. 범부의 진심은 그 번뇌에 덮여 감춰져버렸기에 범부는 진심이 있어도 있는 줄 알지 못한다.

──── 이는 『원각경』의 금강장보살의 질문과 그에 대한 부처님의 답변과 관련하여 이해할 수 있다. 「금강장장(金剛藏章)」에서 금강장보살의 첫 질문은, "중생이 본래 성불해 있는데, 무슨 이유로 일체의 무명이 다시 있는가?"라는 것이다. 이에 대한 부처님은 답은 다음과 같다.

> 윤회를 벗어나지 못한 채 원각을 알려고 하면, 저 원각성(圓覺性)도 같이 유전(流轉)하게 될 것이다. 윤회를 벗어나고자 한다면 이는 옳지 않다. 비유하건대, 움직이는 눈(動目)이 고요한 물을 흔들고 (…) 구름이 흘러가니 달이 움직이고, 배가 내려가니 강가가 움직이는 것과 같다. 선남자야, 모든 움직임(눈, 구름, 배의 움직임)이 멈추지 않으면, 저 대상들(물, 달, 강가)이 먼저 머물 수가 없다. 하물며 바퀴처럼 구르

는 생사의 때가 묻은 마음이, 아직 청정하지 못한데도, 부처의 원각을 보려고 한다면, 어찌 뒤바뀌지 않겠느냐?

── 범부가 망령된 마음으로 대상을 엉터리로 지각하고 이해하는 것은 번뇌에 진심이 덮이고 감춰지는 것과 같다. 이는, 눈이 움직여서 고요한 물이 움직인다고 착각하고, 구름이 흘러가는데 달이 흘러간다고 착각하고, 배가 내려가는데 강가 언덕이 올라간다고 착각하는 것과 같다.

우리 마음의 움직임인 번뇌망상과 윤회를 멈추면, 진심을 다시 볼 수 있고 우리 마음에 숨겨져 있는 여래장이나 원각을 다시 볼 수 있다. 진심이나 원각은 미혹한 우리 마음의 번뇌망상 속에 고스란히 깃들어 있기 때문이다.

- 『조론』: 후진(後秦)의 승조(僧肇, 384~414)가 지은 책으로, 불교의 핵심 가르침을 요약했다.
- 자은 : 당(唐)의 자은규기(窺基, 632~682). 현장(玄奘, 602~664)에게 사사했다. 자은사에서 현장과 함께 역경에 종사하며 법상종을 확립했다.
- 배공 : 당의 배휴(裴休, 791~864). 규봉종밀의 벗이 되었고, 황벽희운과 함께 선법을 참구했다. 황벽희운과의 문답을 실은 『전심법요(傳心法要)』를 지었다.

제
7
장

진심으로 망심 쉬기

眞
心
息
妄

모든 환(幻)이
소멸하면

문 ─ 진심이 망심 속에 있으면 범부라 하겠는데, 그렇다면 어떻게 해야 망심에서 벗어나 성인이 될 수 있겠습니까?

답 ─ 옛사람이 이르시기를,

"망심이 없는 그곳이 곧 보리다. 생사와 열반이 본래 평등하다"라고 하셨다.

또 경(『원각경』)에서 말씀하셨다.

"저 중생의 환신(幻身, 환 같은 몸)이 멸하는 고로 환심(幻心)도 멸하고, 환심이 멸하는 고로 환진(幻塵, 환 같은 객관 세계)도 멸하고, 환진이 멸하는 고로 환멸(幻滅, 환이 멸하는 것)도 역시 멸하고, 환멸이 멸한 고로 비환(非幻, 환이 아닌 것)은 멸하지 않는다. 비유하자면 거울(옛날 구리로 만든 거울)을 닦을 때, 때가 다하면 밝음이 나타나는 것과 같다."

영가 스님도 말씀하시기를,

"마음은 뿌리요, 법(일체 존재)은 티끌이니, 둘은 거울 위의 먼지와 같다. 먼지와 때가 없어질 때 마침내 빛이 나타나듯, 마음과 법이 둘 다 잊히면 비로소 성품이 참되게 된다"라고 하셨다.

이것이 바로 망심에서 벗어나서 진심을 이루는 것이다.

或曰, 眞心在妄, 則是凡夫, 如何得出妄成聖耶?

曰, 古云: "妄心無處, 卽菩提, 生死涅槃, 本平等"

經云: "彼之衆生, 幻身滅故, 幻心亦滅, 幻心滅故, 幻塵亦滅,

幻塵滅故, 幻滅亦滅, 幻滅滅故, 非幻不滅,

譬如磨鏡, 垢盡明現"

永嘉亦云: "心是根, 法是塵, 兩種, 猶如鏡上痕, 痕垢盡時, 光始現, 心法雙忘,

性卽眞"

此乃出妄而成眞也.

─── 성인과 범부의 차이는 거의 없다. 성인은 진심이 망심을 벗어나 있지만, 범부는 진심이 망심에 갇혀 있을 따름이다. 범부의 진심이 망심에서 벗어나면 범부는 바로 성인이 된다. 그래서 망심에서 벗어나는 방법이 중요하다.

─── 사실 망심은 실체가 없는 것이다. 고정된 처소도 없다. 오직 '망심'이라는 착각이 있을 뿐이다. 망심은 환(幻)인 것이다. 환인 망심은 근본적으로 내가 있다는 '아상(我相)'에서 비롯된 '분별망상심'이다. 아상이 착각이요 환이기에 망심도 환이다. 망심이 환이라는 점을 자각하는 순간, 망심은 사라진다. 그래서 진심이 망심에서 벗어나는 방법은 망심이 환임을 자각하는 것이다.

─── 생사와 열반은 본래 평등하지만, 유위법의 현실에서 구분될 뿐이다. '내가 있다'고 착각하고 분별하는 우리의 망심 탓이다. 망심이 없어지면 그곳이 바로 무위법의 세계가 되니, 생사와 열반도 하나가 된다.

─── 중생의 환신, 환심, 환진, 환멸 등은 그것이 환이라는 것을 각성하는 순간 연이어 소멸한다. 이렇게 모든 환이 소멸하면 마침내 환 아닌 것만이 나타난다. 이것이 본성이요, 진심이요, 열반이요, 진여다.

이 과정을 『원각경』「보안보살장」에서 정교하게 설명하고 있다. 위 문장도 「보안보살장」에서 인용한 것이다.

―― 『원각경』「보안보살장」에서 부처님은 중생의 몸과 마음은 모두 "환과 같은 때(幻垢)가 되니, 때의 상(垢相, 때라는 생각)이 영원히 소멸하면 시방이 다 청정해져 진여가 드러난다"고 하셨다. "마음과 법이 둘 다 잊히면 비로소 성품이 참되게 된다"라는 영가 스님의 말씀도 이런 부처님 가르침과 같은 것이다.

요컨대, 망심에서 벗어나 진심을 보는 방법은, 망심이 환임을 지속적으로 알아차려 모든 환을 소멸시키는 것이다.

빈 병과 무심

문 — 장생(莊生, 장자)이 이르시되,

"마음이란 그 뜨거움이 활활 타는 불과 같고, 그 차가움은 얼음과 같고, 그 빠르기는 구부렸다 펴는 사이에 사해(四海) 밖을 두 번이나 어루만진다. 가만히 있을 때는 깊고 고요하며, 움직일 때는 멀리 하늘 끝까지 가니, (이런 것은) 오직 사람의 마음뿐이다"라고 하셨습니다.
범부의 마음이 조복하기 어려운 것임을 장생이 이와 같이 이야기한 것 같습니다. 알지 못하겠습니다. 종문(宗門, 참선 가문)에서는 어떤 방법으로 망심을 다스리는지요?
답 — 무심법(無心法)으로 망심을 다스린다.

문 — 만약 사람으로서 무심이 되면(마음이 없으면) 문득 풀이나 나무와 같아질 것이니, 부디 방편을 써서 무심에 관해 설명해주소서.
답 — 지금 말하는 무심은 마음의 본체가 없다(無心體)는 뜻의 무심이 아니다. 오직 마음속에 물(物, 중생심·망심)이 없는 것을 무심이라 이른다. 마치 빈 병이라 말할 때, 병 안에 아무 물건이 없는 것을 빈 병이라 하지, 병 자체가 없는 것을 빈 병이라 이름하지 않는 것과 같다.

그러므로 조사께서 이르시되,

"그대는 다만 마음에 일이 없고(心無事), 일에 있어서 마음(망심)이 없으면(事無心) 자연히 텅 비고 신령스럽고(虛而靈) 고요하고 오묘해질(寂而妙) 것이다"라고 하셨다.

이것이 마음의 참뜻이다.

이런 말씀에 의하자면, (무심에는) 망심이 없지, 진심의 묘한 작용이 없는 것은 아니다.

或曰, 莊生云:"心者, 其熱燋火, 其寒凝氷, 其疾俛仰之間, 再撫四海之外. 其居也, 淵而靜, 其動也, 懸而天者, 其惟人心乎"

此, 莊生先說凡夫心, 不可治伏, 如此也. 未審, 宗門, 以何法, 治妄心也?

曰, 以無心法, 治妄心也.

或曰, 人若無心, 便同草木, 無心之說, 請施方便.

曰, 今云無心, 非無心體, 名無心也. 但心中無物, 名曰, 無心, 如言空瓶, 瓶中無物, 名曰, 空瓶, 非瓶體無, 名, 空瓶也.

故祖師云:"汝但於心無事, 於事無心, 自然虛而靈寂而妙"

是此心旨也.

據此則, 以無妄心, 非無眞心妙用也.

─── 장자의 말씀을 인용하여, 사람 마음은 참으로 다스리기 어렵지만 그 능력도 무한하다는 것을 보여주었다. 마음은 뜨겁고, 차갑고, 빠르기가 극단적이다. 가만히 있을 때는 깊고 고요하지만, 움직여 작동할 때는 하늘 끝까지 미친다. 이렇게 마음은 다스리기가 지극히 어렵지만 그 능력이 무한하다. 잘 다스리기만 하면 엄청난 일을 해낼 수 있다. 그래서 우리가 마음을 다스리는 수행을 하는 것이다.

─── 참선 가문에서는 망심을 다스리는 방법으로 무심(無心)을 가르친다. '무심'을 그대로 풀이하면 '마음이 없다'는 것이니 오해를 불러일으킨다. 즉, 사람에게 마음이 없으면 사람이 풀이나 나무와 같이 되는 것이 아니냐고.

─── 이에 대해 정언 선사는 무심은 마음의 본체(心體)가 없다는 뜻이 아니라, 마음속에 망상이나 중생심과 같은 것이 없어서 텅 비어 있는 것을 뜻한다고 설명했다. 그리고 기발하면서도 아주 적확한 비유를 들어주었다. '빈 병(空瓶)'이라 할 때, 병 자체(瓶體)가 없다는 뜻이 아니라, 병 속에 아무것도 없는 것을 뜻하는 것과 같다고.

─── 무심은 마음에 일이 없고(心無事), 일에 있어서 무심하여(事無心),

텅 비고 고요한(虛寂) 상태다. 무심이 되면 마음은 위대하게 작동하니 그것이 마음의 신령스러움과 오묘함(靈妙)이다.

무심 공부 ①
알아차리고 살핌

지금까지 여러 스님들의 무심 공부에 대한 설명은 똑같지가 않다.
지금 그 큰 뜻을 10가지로 묶어서 간략하게 밝히겠다.

첫째는 알아차려 살피는 것(覺察)이다.
공부할 때 항상 (마음을) 평상하게 하고 잡념을 끊어서 망념이 일어나는 것을 막는 것이다. 한 망념이 일어나면 문득 그것을 알아차려 깨뜨려버려야 한다.
망념을 알아차려 깨뜨려버리면 다음 망념도 일어나지 않는다. 또 알아차렸다고 아는 것(覺智)마저 버려야 한다. 망념은 물론 망념이 일어났다는 알아차림까지 함께 잊어버리는 것을 무심이라 한다.
그러므로 조사께서 이르시되,
"망념이 일어나는 것을 두려워하지 말라. 다만 (망념이 일어나는 것을) 알아차리는 것이 더딘 것을 두려워하라"라고 하셨다.

또 게송에서 말씀하시되,
"진심을 구하지 말고, 오직 견해(見)를 쉬도록 하라"라고 하였다.
이것이 알아차리고 살펴서 망심을 쉬는 공부이다.

從來諸師, 說做無心工夫, 類各不同, 今總大義, 略明十種.
一曰, 覺察, 謂做工夫時, 平常絶念, 隄防念起, 一念纔生, 便與覺破,
妄念破覺, 後念不生, 此之覺智, 亦不須用, 妄覺俱忘, 名曰無心.
故, 祖師云:"不怕念起, 只恐覺遲"
又偈云:"不用求眞, 唯須息見"
此是覺察息妄功夫也.

―― 이제부터 망심을 쉬는 10가지 공부법을 제시한다. 망심을 쉬어 진심을 드러내는 방법이니 어떤 수행법보다 유용한 것이다. 이것은 일반적인 수행법이기도 하며 특별한 수행법이기도 하다. 후자와 관련하여 한암 선사는 1930년 경봉 선사에게 보낸 편지에서 『진심직설』의 「진심식망」 조에 나오는 10가지 공부법이 돈오점수(頓悟漸修)에서 돈오한 뒤 보림을 하는 방법이라고 소개했다.

―― 망심을 쉬는 10가지 공부법 중 첫째인 '각찰'은 알아차리고 살피는 공부법이다. '각찰'의 '알아차려 살피는 것'은 초기 불교 위빠사나와 유사하면서도 다르다. 생겨나는 모든 현상을 그대로 살피고 알아차린다는 점에서 유사하다. 그러나 각찰의 '알아차려 살피는 것'은 대승불교의 근본 즉, 안팎에 일어나는 모든 현상은 마음(진심)의 작용이라는 근본을 전제로 한다는 점에서 위빠사나와 다르다. 더 분명하게 말하면 각찰의 알아차림의 대상은 '망념'이다.

―― 한 망념이 일어나면 그것을 알아차리는 순간 중단되고 깨뜨려진다. 『원각경』에서 말하는 지환즉멸(知幻卽滅, 환은 지각하면 즉시 소멸된다)과 같은 원리다. 망념을 알아차려 깨뜨려버리면 다음 망념도 일어나지 않는다. 그리고 알아차렸다고 아는 것마저 버려야 하는데, 그

경지가 바로 무심이다.

그러므로 망념이 일어나는 것을 걱정할 게 아니라, 일어나는 망념을 알아차리는 것이 더디거나 철저하지 못한 것을 걱정하라는 것이다.

—— 신회(神會, 684~758) 스님도 '알아차려 비춤(覺照)'이라는 개념으로 무념을 설명하셨다.

> 만약 마음에 망념이 일어나거든, 바로 알아차려 비추라(관조하라). 일어났던 망념이 이미 없어져버리면, 알아차려서 비춘 것까지도 스스로 없어진다. 이것이 즉, 무념이다.
> 心若有念起, 卽便覺照, 起心旣滅, 覺照自亡, 卽是無念.
> —『정시비론(定是非論)』

『정시비론』의 '무념'은 여기서 말하는 '무심'이다. 신회 스님은 망념을 알아차려 무념의 상태가 되는 것이 부처의 지혜를 얻는 것과 같다고 가르쳤다.

—— **망념이 일어나는 것을 두려워하지 말라. 다만 (망념이 일어나는 것을) 알아차리는 것이 더딘 것을 두려워하라** : 이 구절은 영명연수(904~976)의 『종경록(宗鏡錄)』 구절인데, 지눌 선사의 『수심결』에도 인용되어 있다.

진심을 구하지 말고, 오직 견해(見)를 쉬도록 하라 : 이 구절은 승찬의 『신심명(信心銘)』에 나오는 것이다.

무심 공부 ②
쉬고 또 쉼

둘째는 쉬고 쉬는 것(休歇)이다.

공부할 때 선도 생각하지 않고 악도 생각하지 않으며, 마음이 일어나면 곧 쉬고, 인연을 만나도 문득 쉬는 것이다.

고인(석상경제)께서 이르시되,

"한 가닥 흰 비단인 듯 (순수하고 한결같고)

(얼기 직전) 차가운 늦가을 물인 듯 (맑고 성성하고)

옛 사당 안 향로인 듯 (고요하고)"라고 하셨다.

미세 망상을 끊어내고 분별을 여의어 바보인 듯 얼빠진 듯해야 조금 상응한다(진심과 통한다) 할 것이다.

이것이 쉬고 쉬어서 망심을 쉬게 하는 공부이니라.

二曰, 休歇, 謂做功夫時, 不思善不思惡, 心起便休, 遇緣便歇.
古人云: "一條白練去, 冷湫湫地去, 古廟裏香爐去"

直得絶廉纖離分別, 如痴似兀, 方有少分相應.
此是休歇妄心功夫也.

──── '휴헐(休歇)'에서 '휴'와 '헐'은 둘 다 쉰다는 뜻이다. 두 번 써서 쉰다는 것을 강조했다.

──── **선도 생각하지 않고 악도 생각하지 않으며** : 내가 적극적으로 어떤 생각을 일으켜야 할 상황에서 필요한 가르침이다. '선악'뿐 아니라 '옳고 그름', '나와 너', '길고 짧음' 등 모든 이원적 분별을 하지 않아야 한다고 가르쳤다. 『육조단경』에서 육조혜능이 가사를 빼앗으러 온 혜명(惠明)을 깨닫게 한, "선도 생각하지 않고 악도 생각하지 않을 때, 너의 본래면목이 무엇인가?"라는 말에서 비롯한다.

──── **마음이 일어나면 곧 쉬고, 인연을 만나도 문득 쉬는 것이다** : 내가 소극적인 태도를 취할 때의 상황에 대한 가르침이다. 가만히 있어도 마음이 일어난다. 또 바깥 대상을 만나게 되어도 마음이 생겨난다. 이럴 때도 거기에 개의치 말고 쉬고 또 쉬라고 가르쳤다.

──── 미세 망념을 끊어내고 분별을 여읜 무념의 상태를 석상경제(石霜慶諸, 807~888) 선사는 "한 가닥 흰 비단인 듯 (올곧고), (얼기 직전) 차가운 늦가을 물인 듯 (맑고 성성하고), 옛 사당 안 향로인 듯 (고요하고)"라고 비유했다.

이 비유는 『오등회원(五燈會元)』에 나오는 것이다.

석상경제(石霜慶諸) 선사가 입적하자 대중들은 남악현태(南嶽玄泰) 수좌에게 그 뒤를 이어 주지를 맡으라고 했다. 그러자 시자로 있던 구봉도건(九峯道虔)이 말했다.

"스승님의 뒤를 이어 주지를 맡으려면, 모름지기 스승님의 뜻을 분명히 알아야 합니다."

그러자 남악현태 수좌가 반문했다.

"스승님한테 무슨 뜻이 있었소? 나는 뭔지 잘 모르겠소."

구봉도건이 말했다.

"스승님께서는 늘 이렇게 가르치셨습니다.

쉬어라(休去)

쉬어라(歇去)

차가운 늦가을 물인 듯(冷湫湫地去)

한 생각에 만 년이 스쳐 지나듯(一念萬年去)

싸늘한 재와 말라 죽은 나무인 듯(寒灰枯木去)

옛 사당 안 향로인 듯(古廟香捏去)

한 가닥 흰 비단인 듯(一條白練去)."

그러자 남악현태 수좌가 말했다.

"이는 단지 한 물질세계(色)의 현상(事)을 밝히신 것이오."

이에 구봉도건이 대꾸했다.

"원래 스승님의 뜻이 어디에 있는지 정말로 모르시네요."
그러자 남악현태 수좌가 말했다.
"그대가 나를 우습게 보는데, 향로에 향을 담아 오시오. 향 연기가 다할 때까지 내가 만약 가지(입적하지) 못한다면, 정말로 내가 스승님의 뜻을 모르는 것이리라."
과연 향 연기가 다 사라지기 전에 남악현태 수좌는 앉은 채로 입적해 버렸다. 그러자 구봉도건이 남악현태 수좌의 등을 어루만지면서 말했다.
"앉은 채로 해탈하거나 선 채로 입적하는(坐脫立亡) 것이야, 물론 스승님의 뜻이 없다고 할 수 없지만, 아직 꿈속에서도 (스승님의 뜻을) 보지 못했구려!"
―보제(普濟), 『오등회원(五燈會元)』 권6

── 분별심을 완전히 여읜 무심의 사람은 분별심으로만 세상을 보는 사람에게는 바보처럼 보이고 얼이 빠진 듯 보일 것이다. 분별심에 빠져도 도인은 알아보는 모양이다. 바보의 모습과 얼빠진 듯한 모습이야말로 진정한 도인의 모습이기 때문이다.

무심 공부 ③
마음을 없애고 경계는 그대로 둠

셋째는 마음(주관)을 없애버리고 경계(대상)는 그대로 두는(泯心存境) 방법이다.

공부할 때, 일체 망념을 다 쉬고 바깥 경계는 돌아보지 않아서, 스스로 마음을 쉬기만 하는 것을 말한다. 망심을 이미 쉬어버리면 바깥 경계가 있다 한들 무슨 해로움이 있겠는가?

그것은 고인(임제)이 이르신 바, '사람은 빼앗고(마음을 쉬게 하고) 경계는 빼앗지 않는다는 법문(奪人不奪境法門)'이다.

그러므로 어떤 이가 말씀하시기를, "이곳에 향기로운 풀이 있는데, 온 성안에 친구 하나 없다네"라고 하셨다.

방공(龐公)도 이르시되,

"다만 스스로 만물에 대해 무심하기만 하면, 만물이 언제나 둘러싸고 있다 한들 무슨 방해가 되겠는가?"라고 하셨다.

이것이 바로 마음을 없애고 경계는 그대로 둠으로써 망심을 쉬게 하는(泯心存境息妄) 공부이니라.

三, 泯心存境, 謂做功夫時, 於一切妄念, 俱息, 不顧外境,
但自息心. 妄心已息, 何害有境?
卽古人, 奪人不奪境法門也.
故, 有語云: "是處, 有芳草, 滿城無故人"
又龐公云: "但自無心於萬物, 何妨萬物常圍繞?"
此是泯心存境息妄功夫也.

─── 여기서부터 주관인 마음과 객관인 경계를 없애는가 아니면 그대로 두는가에 따라 4가지 망심 쉬는 법을 제시한다. 그것은 임제 선사가 제시한 사료간(四料揀, 4가지를 헤아려 가려냄)에서 출발한다.

① 사람을 빼앗고 경계는 빼앗지 않음(奪人不奪境).
② 경계를 빼앗고 사람은 빼앗지 않음(奪境不奪人).
③ 사람과 경계를 둘 다 빼앗음(人境兩俱奪).
④ 사람과 경계를 둘 다 빼앗지 않음(人境俱不奪).

여기서 '빼앗다(奪)'는 부정한다는 뜻이다. '사람을 빼앗는다'는 것은 사람의 실체를 부정하는 '아공(我空)'을 말하고, '경계를 빼앗는다'는 것은 대상 경계의 실체를 부정하는 '법공(法空)'을 말한다.

정언 선사는 임제 선사가 쓴 '빼앗다(奪)'를 '없앤다(泯)'로 바꾸고, '빼앗지 않는다(不奪)'를 '둔다(存)'로 바꾸고, '사람(人)'을 '마음(心)'으로 바꾸어서 망심 쉬는 법 4가지를 제시했다. 이 책에서는 이것을 '사존민(四存泯)'이라 부르기로 한다.

① 마음(주관)을 없애버리고 경계(대상)는 그대로 둠(泯心存境).
② 경계를 없애고 마음은 그대로 둠(泯境存心).
③ 마음과 경계를 둘 다 없앰(泯心泯境).
④ 마음도 경계도 그대로 둠(存心存境).

── 여기서는 4가지 중 첫 번째인 마음을 없애버리고 경계는 그대로 두는 '민심존경(泯心存境)'을 설명했다. 마음을 없애서 텅 비게 하면 무심(無心)이 된다. 그러면 객관 대상인 경계를 그대로 두어도 그 경계는 주관에 아무 영향을 주지 못한다. 내 마음이 고요하면 밖으로 어떤 상황에 처하더라도 흔들리지 않는다는 것이다.

── 내 마음이 고요하다는 것은 지(止, 사마타)이고, 적적(寂寂)이다. 이 지와 적적의 상태가 되면 일체의 경계상이 그친다. 고로 경계가 있어도 그 경계와 아무 상관이 없게 되어 마음이 흔들리지 않는 것이다.

── 마음을 없애버리고 경계는 그대로 두는 '민심존경(泯心存境)'은 마음을 없애는 데 초점을 맞춘다. 그런 점에서 자기가 아상(我相)과 아집(我執)이 지나치게 강하다고 느껴지는 사람이 지속적으로 시도하면 좋을 수행법이다.

• 임제(臨濟, ?~867) : 법명은 의현(義玄). 시호는 혜조 선사(慧照禪師). 황벽 선사(黃檗希運)의 법을 전해 받았다. 임제종(臨濟宗)을 창시했다. '덕산의 방망이, 임제의 고함(德山棒, 臨濟喝)'이라는 말처럼 고함을 질러 제자를 가르쳤다.『임제록』을 남겼다.

• 방공(龐公, ?~808) : 방거사. 마조의 제자. 일생을 거사로 살았지만 깨달아서 단하천연, 약산유엄 등 선사들과 많은 선문답을 주고받았다.『방거사어록』을 남겼다.

무심 공부 ④
경계를 없애고 마음을 그대로 둠

네 번째는 경계를 없애고 마음을 그대로 두는(泯境存心) 것이다. 공부할 때 안팎의 일체 경계를 모두 관(觀)하여 공적(空寂)하게 만들고 다만 한 마음만 남겨두어 오직 홀로 우뚝 서게 하는 것이다.
그래서 옛사람이 이르시기를,
"만법(온갖 존재)과 짝하지 말고,
모든 경계와 상대를 짓지 말라"라고 하셨다.
만약 마음이 경계에 집착한다면 그 마음은 곧 망심이 되지만, 지금 이미 경계가 없으니 어찌 망심이 있을 수 있겠는가? 마침내 진심만이 홀로 비추니 도에 장애가 되지 않는다.
그래서 옛사람이 "경계는 빼앗아도 사람은 빼앗지 않는다[임제 사료간(四料揀)의 두 번째인 탈경불탈인(奪境不奪人)]"라고 하신 것이다.
그러므로 어떤 이가 이르시기를,
"공원에 꽃이 이미 다 떨어졌는데, 수레 말은 오히려 소란스럽네"라고 했고, 또 "3천의 검객들 지금 어디 있는가? 홀로 계교 낸 장주(莊周, 장자)만이 태평을 이루었네"라고 했다.

이것이 경계를 없애고 마음은 그대로 두게 하여 망심을 쉬게 하는(泯境存心息妄) 공부로다.

四, 泯境存心, 謂做功夫時, 將一切內外諸境, 悉觀爲空寂,

只存一心, 孤標獨立,

所以, 古人云: "不與萬法爲侶, 不與諸塵作對"

心若着境, 心卽是妄, 今旣無境, 何妄之有? 乃眞心獨照, 不礙於道, 卽古人奪境不奪人也.

故, 有語云: "上園花已謝, 車馬尙騈闐"

又云: "三千劍客, 今何在? 獨計莊周定太平"

此是泯境存心息妄功夫也.

─── 앞에서 마음과 경계를 없애는가 보존하는가에 따라, 망심 쉬는 법을 4가지로 나눈 것을 '사존민(四存泯)'이라 명명했다. 그중 두 번째 인 '경계를 없애고 마음은 그대로 둠(泯境存心)'에 대한 설명이다.

─── 경계를 없애는 방법은 안팎의 일체 경계를 관(觀)하는 것이다. 관 하면 경계는 사라져 공적(空寂)하게 된다. 왜냐하면 경계는 우리 마음이 만들어낸 환이니, 환은 그것이 환인 줄 알고 보면 사라지기 때문이다.
경계가 사라지면 마음만 홀로 우뚝 서게 된다.

─── 모든 유위법이나 대상 경계가 공함을 가르치는 법공(法空)을 전 제한다. 고로 대상 경계에 대한 집착이 강한 사람에게 유용하고 필요 한 수행법이다. 대상 경계를 없애면 마음만이 홀로 남아 빛을 내니, 그 빛은 마음이 온갖 분별로부터 해방되어 우주 법계와 하나가 되었을 때 내는 빛이다.

─── **만법과 짝하지 말고, 모든 경계와 상대를 짓지 말라 :**『방거사어 록』에 있는 방거사의 말씀이다. 온갖 대상 경계를 상대하지 말라는 것 인데, 그 방법은 2가지다. 첫째, 내 앞에 펼쳐진 대상 경계를 못 본 체 하며 상대하지 않는 것이다. 둘째, 아예 대상 경계 자체가 사라지게 만

들어 그걸 상대하려 해도 상대할 수 없게 만드는 것이다. 여기서는 후자를 지칭한다. "지금 이미 경계가 없으니 어찌 망심이 있을 수 있겠는가?"란 구절이 이런 뜻이다.

──── **공원에 꽃이 이미 다 떨어졌는데, 수레 말은 오히려 소란스럽네 :** '공원의 꽃'은 대상 경계를 지칭한다. 꽃이 다 떨어졌다는 것은 대상 경계가 사라져 텅 비었다는 뜻이다. '수레 말이 소란스럽다'는 것은 대상이 사라지자 내 마음만이 자유자재한다는 것이다.

──── **3천의 검객들 지금 어디 있는가? 홀로 계교 낸 장주(莊周)만이 태평을 이루었네 :** 조나라 문왕이 칼싸움을 좋아했다. 3천여 명이나 되는 검객들이 모여들어 칼싸움을 하니 1년에 1백여 명이 죽어나가고 나라가 위태로워졌다. 『장자(莊子)』 「설검(說劍)」 편에서 장자가 "성인의 검술은 칼을 들고 하는 것이 아닙니다"라고 하며 진짜 싸움 잘하는 검객은 칼을 쓰지 않고 몇 마디 말로써 승부를 가름한다며 문왕을 설득했다. 그 뒤로 세상이 조용해졌다.

　3천의 검객이 객관 대상을 일컫는다면, 장주는 마음을 가리킨다. 역시 대상 경계가 사라지고 마음만 홀로 드러난 경지를 나타낸 것이다.

무심 공부 ⑤
마음과 경계를 둘 다 없앰

다섯째는 마음과 경계를 둘 다 없애는(泯心泯境) 것이다.

공부할 때 먼저 바깥 경계를 공적하게 만들고 다음으로 내심을 소멸시키니, 이미 안팎의 마음과 경계가 모두 공적하게 되었는데 망심이 어디에서부터 일어나겠는가?

그러므로 관계지한(灌溪志閑)이 이르시되,

"시방에 벽이 없고 사면에도 문이 없고, 발가벗고 깨끗이 씻었다"라고 하셨다.

이는 즉 '사람과 경계 양쪽을 다 빼앗아버린다'는 조사의 법문이다.

그러므로 어떤 이가 이르기를,

"구름 흩어지고 물이 흘러가니, 적막하게 천지가 공하도다"라고 하셨다.

또 이르시되,

"사람과 소를 다 볼 수 없으니 정히 달이 밝은 때로다"라고 하셨다.

이상이 마음과 경계를 모두 없애서 망심을 쉬는(泯心泯境息妄) 공부이 니라.

五, 泯心泯境, 謂做功夫時, 先空寂外境, 次滅內心. 旣內外心境俱寂, 畢竟妄從何有?

故, 灌溪云:"十方, 無壁落, 四面, 亦無門, 赤裸裸淨灑灑"

卽祖師, 人境兩俱奪法門也.

故, 有語云:"雲散水流去, 寂然天地空"

又云:"人牛, 俱不見, 正是月明時"

此泯心泯境息妄功夫也.

── 사존민 중 세 번째 공부법인 '마음과 경계를 둘 다 없앰(泯心泯境)'을 설명했다. 이것은 임제 선사 사료간 중 '사람과 경계를 둘 다 빼앗음'에 해당한다.

── 마음과 경계를 없앤다는 것은 마음 따로 없애고 경계 따로 없애는 것이 아니다. 둘을 동시에 없애는 것은 불교의 오온설(五蘊說)에 함축되어 있다. 오온은 색(色, 물질·몸), 수(受, 지각), 상(想, 개념), 행(行, 업), 식(識, 의식)을 지칭하는데, 대체로 색을 대상 경계 혹은 물질 혹은 몸이라 생각하고 수, 상, 행, 식을 우리 정신, 자아, 혹은 우리 마음 작용이라 나누어 생각한다.

그러나 오온은 이원적으로 나눠지는 것이 아니다. 오온은 조건에 따라서 연기하는 우리의 껍데기일 뿐 진짜 우리 몸이나 자아가 아니다. 오온을 우리 몸이나 자아라고 생각하는 것이 망상(망념)이다. 그 망상 탓에 진짜 실상을 보지 못하고 있다.

여기서 마음과 경계를 둘 다 없애는 것은 나와 세상을 왜곡하는 오온에 대한 집착을 없애는 것이다. 오온이 공함을 보아서 오온에 대한 집착을 없애면 오온이 소멸된다. 오온의 소멸이 바로 '마음과 경계를 둘 다 없애는 것'이다. 오온이 소멸하면 업이 소멸하고 탐진치 삼독이 소멸하니, 그것이 바로 모든 번뇌의 소멸이고, 적멸이요, 열반이요, 해탈이다.

── **시방에 벽이 없고, 사면에도 문이 없고, 발가벗고 깨끗이 씻었다** : 임제 선사의 법을 이은 관계지한(灌溪志閑, ?~896)의 말씀이다. 관계지한은 일곱 걸음 후 아무 말도 없이 선 채로 임종한 선사로 유명하다. 위 구절은 『연등회요(聯燈會要)』「관계지한장」권10에서 옮겨온 것이다. 원문은 "시방에 벽이 없고 사면에도 문이 없으며, 발가벗어 다 드러났고 깨끗하게 씻었기에, 붙잡을 수가 없다(十方無壁落, 四面亦無門. 露倮倮, 赤洒洒, 沒可把)"이니, 정언 선사가 옮겨오면서 "붙잡을 수가 없다"라는 부분을 탈락시켰다.

"시방에 벽이 없고 사면에도 문이 없으며"가 경계를 없앤 것을 지칭한다면, "발가벗고 깨끗하게 씻었기에"는 마음을 없앤 것을 지칭한다.

── **구름 흩어지고 물이 흘러가니, 적막하게 천지가 공하도다** : 구름이 흩어지고 물이 흘러가는 것은 천지가 적막하게 공한 모습이다. 혹은 천지가 적막하게 공하니 세상에 있는 그대로의 모습이 드러나는데, 바로 그 모습이 "구름이 흩어지고 물이 흘러가"는 풍경이다.

── **사람과 소를 다 볼 수 없으니 정히 달이 밝은 때로다** : 깨달음의 단계를 설명하는 곽암(廓庵, 12세기 송나라 인물)의 심우도(尋牛圖) 중 제8단계인 '인우구망(人牛俱忘, 사람과 소가 다 사라지다)'을 연상한다.

심우도는 깨달음의 과정을 10단계로 설명하는바, 소가 무엇을 상징하는가에 대해서는 다소 논란이 있을 수 있다. 소는 '나의 본성'을 상징하는 것으로도 해석되고 또 '화두'를 지칭하는 것으로 해석되기도 한다.

소가 나의 본성을 상징한다면 동자나 스님은 수행자를 대표한다.

① 심우(尋牛) : 동자승이 소를 찾고 있는 장면이다. 자신의 본성을 잊고 찾아 헤매는 수행 입문 단계다.

② 견적(見跡) : 동자승이 소의 발자국을 발견하고 그것을 따라간다. 수행자는 꾸준히 노력하다 보면 본성의 발자취를 느끼기 시작한다는 뜻이다.

③ 견우(見牛) : 동자승이 소의 뒷모습이나 소의 꼬리를 발견한다. 수행자가 사물의 근원을 보기 시작하여 견성(見性)에 가까웠음을 뜻한다.

④ 득우(得牛) : 동자승이 드디어 소의 꼬리를 잡아 막 고삐를 건 모습이다. 수행자가 자신의 마음에 있는 불성(佛性)을 꿰뚫어 보는 견성의 단계에 이르렀음을 뜻한다.

⑤ 목우(牧友) : 동자승이 소에 코뚜레를 뚫어 길들이며 끌고 가는 모습이다. 얻은 본성을 고행과 수행으로 길들여서 삼독의 때를 지우는 단계로 소도 점점 흰색으로 변화된다.

⑥ 기우귀가(騎牛歸家) : 흰 소에 올라탄 동자승이 피리를 불며 집으로 돌아온다. 더 이상 장애가 없는 자유로운 무애의 즐거운 단계다.

⑦ 망우재인(忘牛在人) : 소는 없고 동자승만 앉아 있다. 소는 단지

방편일 뿐 고향에 돌아온 후에는 모두 잊어야 하는 것임을 뜻한다.

⑧ 인우구망(人牛俱忘) : 소도 사람도 실체가 없는 모두 공(空)한 것임을 깨닫는다는 뜻이다. 텅 빈 동그라미만 그려져 있다.

⑨ 반본환원(返本還源) : 강은 잔잔히 흐르고 꽃은 붉게 피어 있는 산수풍경만이 그려져 있다. 있는 그대로의 세계를 깨닫는다는 것으로 이는 우주를 아무런 번뇌 없이 참된 경지로서 바라보는 것을 뜻한다.

⑩ 입전수수(入廛垂手) : 지팡이에 도포를 두른 행각승의 모습이나 목동이 포대 화상(布袋和尙)과 마주한 모습으로 그려진다. 육도중생의 시장바닥으로 들어가 손을 드리운다는 뜻으로 중생제도를 위해 속세로 나아감을 뜻한다.

—— 중생들은 대체로 자기 본성을 밖에서 찾으려 하기에 소가 산을 떠도는 것으로 먼저 그렸다. 그러다 여섯째 '기우귀가'에서 소를 타고 집으로 돌아온 이상, 본성과 자기가 더 이상 이원화(二元化)되지 않고 마침내 공한 자기에 대한 상도 버리기 때문에 소와 동자가 다 사라진다. 이것이 '인우구망'이다. 그래서 일단 정언 선사가 가르치는 '마음과 경계를 둘 다 없앰(泯心泯境)'의 단계와 연결될 여지는 있다.

—— 그러나 정언 선사(?~1185)는 심우도 창안자 곽암(12세기 송나라)과 동시대를 살았거나 조금 앞선 시기에 일생을 보냈다. 그래서 정언 선사가 심우도를 보고 이런 설명을 했다고 해석하기가 꺼려진다. 더욱이 정언 선사가 말하는 '소'는 객관 대상을 일컫는 것인 데 반해 곽

암 심우도의 '소'는 '본성'을 일컫는 것이란 점에서 둘을 정확하게 연결하는 것은 바람직하지 않다. 심우도의 '인우구망'을 그냥 참조하며 이 공부 단계를 이해하면 좋겠다.

무심 공부 ⑥
마음과 경계를 둘 다 남김

여섯째는 마음과 경계를 둘 다 남기는(存心存境) 것이다.
공부할 때 마음은 마음의 자리에 머무르고 경계는 경계의 자리에 머물러서, 때때로 마음과 경계가 상대해도 마음은 경계를 취하지 않고 경계도 마음에 들어오지 않는다. (마음과 경계가) 서로 부딪히지 않으니 자연히 망념이 생겨나지 않아 도에 걸림이 없다.
그러므로 경전에서 말씀하시되,
"이 법이 법의 자리에 머무르기에 세간 상(相)들도 항상 (그 자리에) 머문다"라고 하셨다.
이것이 조사의 '사람과 경계를 빼앗지 않는(人境俱不奪)' 법문이다.
그러므로 어떤 이가 이르시기를,
"한 조각 달이 바다에 나오니 몇 집 사람들이 누각에 오르는가?"라고 했고,
또 이르시되,

"산에 피어난 천만 송이 꽃에 구경꾼들이 돌아갈 줄 모른다"라고 하셨다.
이것이 경계와 마음을 둘 다 보존하여 망심을 없애는(存境存心滅妄) 공부다.

六, 存心存境, 謂做功夫時, 心住心位, 境住境位,
有時, 心境相對, 則, 心不取境, 境不臨心, 各不相到, 自然妄念不生, 於道無碍,
故, 經云: "是法住法位, 世間相常住"
卽祖師, 人境俱不奪法門也.
故, 有語云: "一片月生海, 幾家人上樓"
又云: "山花千萬朶, 遊子不知歸"
此是存境存心滅妄功夫也.

─── 사존민 중 네 번째 공부법인 '마음도 경계도 그대로 둠(存心存境)'을 설명했다. 이것은 임제 선사 사료간 중 '사람과 경계를 둘 다 빼앗지 않음(人境俱不奪)'에 해당한다.

─── 망상이나 망념은 대체로 내가 대상 경계를 만나 흔들리거나 끌려갈 때 생겨난다. 내가 내 마음 탓에 흔들릴 때도 망상은 생겨난다. 마음이 스스로 흔들리지 않고, 대상 경계를 만나도 흔들리거나 끌려가지만 않는다면, 마음과 경계를 그대로 둔다 해도 망상은 일어나지 않는다.

─── 마음이 대상 경계에 흔들리지 않고 끌려가지 않는 방법은 어떤 것인가? 마음과 대상 경계가 각각 자기 자리에 머무는 것이다. 마음이 마음의 자리에 머무르고 경계도 경계의 자리에 머물러 있으면, 마음과 경계가 서로 상대해도 부딪히지 않는다. 즉, 마음은 경계를 취하지 않고 경계도 마음에 들어오지 않는다. 그래서 망심이 일어나지 않는다.

─── 마음과 경계가 자기 자리에 머무른다는 것이 핵심이다. 이때 '머무름'은 "이 법이 법의 자리에 머무르기에 세간 상도 항상 머문다"라는 『법화경』「방편품」 구절의 '머무름'이다. 모든 법(존재)은 본래부터

그 성품이 공하다. 성품이 없다. 모든 법은 공하고 고요하여 자기도 아니고 남도 아니며 함께하는 것도 아니고 따로 떨어져 있는 것도 아니어서 언제나 잔잔하고 고요하기 때문에 '성품이 없다'고 한다.

"세간 상이 항상 머문다"에서 '항상(常)'이라 설명한 것은 본래 그대로 성품이 없는 것이지, 없도록 만든 것이 아니라는 뜻이다. 그런 점이 네 번째 사존민인 '마음도 경계도 그대로 둠'과 그대로 통한다.

── "법은 항상 성품이 없다(法常無性)"는 것은 『화엄경』「여래출현품」의 구절과 이어진다. 즉, "여래께서 정각(正覺)을 이루셨을 때 그 몸 가운데서 널리 일체중생이 정각을 이루는 것을 보셨고, 온갖 중생들이 열반에 드는 것을 널리 보셨다. 모두가 같은 성품이니 성품이 없는 것이다. 또 온갖 법은 모두 성품이 없음을 알기 때문에 온갖 지혜를 얻고 대비(大悲)가 계속되어서 중생들을 제도하신다"라고 하신 것과 같다.

── "이 법이 법의 자리에 머무르기에(是法住法位)"라고 할 때의 '이 법'은 '성품이 없는 모든 존재'이다. '법의 자리(法位)'는 진여의 자리이다. 『대지도론(大智度論)』에서도 "법성(法性)과 법계(法界)의 법은 법위에 머무른다"라고 했는데, 이때의 법위도 진여의 바른 자리이다.

법에 성품이 없다는 것을 인정하면 모든 것은 평등하게 된다. 세간의 법 그대로가 진여가 된다.

―― 이런 평등의 모습은 백운 화상의 『홍성사입원소설(興聖寺入院小說)』에 감동적으로 서술되었다.

> 학의 다리를 잘라 오리 다리를 길게 할 수 없고, 산을 무너뜨려 골짜기를 메울 수 없다. (이 이치를 알고 난) 연후에야 비로소 평등하게 된다. 이 법(존재)이 법의 자리(法位)에 머물기 때문에 세간의 (차별)상도 항상 머무른다. 일체 모든 법은 당처(當處, 지금 바로 그 자리)에서 스스로 진실되고, 당처에서 해탈이고, 당처에서 적멸이다. 키가 큰 사람은 법신 그대로 크고, 키가 작은 사람은 법신 그대로 작다. 한 물건도 자웅을 겨룰 것이 없다. (…) 산은 산이고 물은 물이며, 중은 중이고 속인은 속인이다.
> 不可截鶴續鳧, 夷嶽塡壑, 然後爲平等也. 是法住法位, 世間相常住, 則一切諸法, 當處自眞, 當處解脫, 當處寂滅, 長者長法身, 短者短法身, 更無一物可雌黃 (…) 山是山水是水, 僧是僧俗是俗.

또 "법과 법이 서로 부딪히지 않으니, 법이 스스로 공적하기 때문이다. 지금 바로 그 자리(當處)에 스스로 머물며, 지금의 바로 그 자리에서 스스로 진실하다(法法不相到, 法自寂故. 當處自住, 當處自眞)"라는 『벽암록(碧巖錄)』 40칙의 구절도 같은 뜻을 가르친다.

―― 한 조각 달이 바다에 나오니 몇 집 사람들이 누각에 오르는가?/ 산에 피어난 천만 송이 꽃에 구경꾼들이 돌아갈 줄 모른다 : 둘 다 마

음 과 대상 경계가 지금 바로 그 자리에서 서로 부딪히지 않고 평등하게 존재하는 모습을 그렸다.

무심 공부 ⑦
안팎이 다 진심의 본체라 봄

일곱째는 안팎이 하나같이 진심의 본체(內外全體)라고 보는 것이다.
공부할 때 산하와 대지, 일월과 별, 안의 몸과 바깥 세계 등 일체 존재가 다 진심의 본체를 함께한다. 그래서 고요하고 텅 비고 밝아서 털끝만큼도 다르지 않다. 모래알 개수처럼 많은 대천세계를 부수어서 한 덩어리로 만드는 것이니, 어디서 망심이 나오겠는가?
그런 까닭으로 조법사(肇法師)께서 이르시되,
"천지가 나와 같은 뿌리이고, 만물이 나와 한 몸체이다"라고 하셨다.
이것이 안팎이 모두 진심의 본체라고 보아서 망심을 없애는(內外全體 滅妄) 공부이다.

七, 內外全體, 謂做功夫時, 於山河大地, 日月星辰, 內身外器, 一切諸法, 同眞心體. 湛然虛明, 無一毫異, 大千沙界, 打成一片, 更於何處, 得妄心來?

所以, 肇法師云:"天地與我同根, 萬物與我同體"
此是內外全體滅妄功夫也.

──— '제5장 진심의 본체와 작용은 같은가 다른가'에서 '본체'와 '작용' 개념을 공부했다. 본체와 작용은 같은 것도 아니고, 다른 것도 아니다(같은 것이기도 하면서 다른 것이기도 하다)라는 것을, "물과 파도는 하나도 아니고, 다른 것도 아니다"라는 사례를 통해 이해했다. 형상에 근거를 두는가, 성품에 근거를 두는가에 달렸다. 형상에 근거를 두면 같은 것이 아니고, 성품에 근거를 두면 다른 것이 아니다. 여기서는 성품에 근거를 두어 본체를 보아서, 세상 모든 존재(나와 내 밖의 세계, 마음과 대상 경계 포함)의 동등함을 보고 인정하고 받아들이는 공부를 한다.

──— 나와 내 밖의 세계가 하나의 본체라는 것을 끊임없이 떠올려 실감하고 받아들인다. '본체'는 '진심의 본체'이다. 왜 나와 내 밖 세계의 본체가 같은가? '나'와 '세계'의 분별은 착각에서 비롯한 것이기 때문이다. 나와 세계가 근본이 하나임을 꿰뚫어 볼 수만 있다면 더 이상 성찰이나 수행이 필요 없다. 그렇게 꿰뚫어 보는 것이 힘들기 때문에 꿰뚫어볼 수 있도록 애써 노력하는 것이다.

──— 모든 존재의 본체는 하나같이 고요하고 텅 비고 밝아서 털끝만큼의 차이도 없다. 그럼에도 불구하고 우리는 산하와 대지, 일월과 별,

안의 몸과 바깥 세계 등을 둘(二)로 나누어 상대적으로 인식하여 온갖 번뇌 망상을 만들어낸다. 그래서 통일된 인식인 불이(不二)에 이르지 못한다. 모든 이분법을 내려두고 모든 존재들이 둘이 아닌 하나임을 꿰뚫어 보고 알 때 번뇌 망상은 사라진다.

─── **천지가 나와 같은 뿌리이고, 만물이 나와 한 몸체이다** : 후진(後秦) 승조(僧肇, 384~414)가 지은 『조론』 중 「열반무명론(涅槃無名論)」에 나오는 구절이다. 앞에는 이런 구절이 붙어 있다.

> 현묘한 도는 오묘한 깨달음에 있고, 오묘한 깨달음은 진(眞)으로 나아가는 데 있다. 진에 나아가면 곧 유무(有無)를 평등하게 보게 되고, 유무를 평등하게 보면 너와 내가 둘이 아니게 된다(莫二). 그러므로 천지가 나와 같은 뿌리이고, 만물이 나와 한 몸체이다.
> 玄道在於妙悟, 妙悟在於卽眞. 卽眞卽有無齊觀, 齊觀卽彼己莫二. 所以天地與我同根, 萬物與我一體.

여기서 진(眞)은 진심의 본체이다. 진심의 본체로 나아가면, 있는 것과 없는 것을 평등하게 보고, 너와 나를 똑같이 보게 된다. 그래서 천지가 나와 같은 뿌리이고, 만물이 나와 한 몸체임을 알고 받아들이게 되는 것이다. 내가 온 중생과 천지와 우주 법계와 하나가 된 자리가 부처의 자리요, 진심의 자리다. 이 진실을 명심하여 놓치지 않고 살아가는 것이 보살의 삶이요 부처의 삶이다.

무심 공부 ⑧
안팎이 다 진심의 작용이라 봄

여덟째는 안팎이 모두 진심의 작용(內外全用)이라고 보는 것이다.

공부할 때 일체 안팎의 마음과 몸, 세계의 모든 존재, 일체 활동과 베푸는 행위를 모두 진심의 묘한 작용이라고 관(觀)하는 것이다. 그러면 어떤 생각이든 일어나자마자 이 진심의 묘한 작용이 그대로 앞에 나타난 것이 된다.

이미 모두가 다 (진심의) 묘한 작용이라 하겠으니, 망심이 어디에 붙을 수 있겠는가?

그러므로 영가(永嘉)께서 이르시되,

"무명의 진실한 성품(無明實性)이 곧 불성(佛性)이요, 환과 같은 빈 몸(幻化空身)이 즉 법신(法身)이다"라고 하셨다.

지공(誌公, 418~514)께서 「십이시가(十二時歌)」에서 이르시되,

"동트는 새벽 인시(寅時, 3~5시)여, 미치광이의 틀 안에 도인의 몸이 숨어 있도다. 앉고 눕는 것이 원래 도인 줄 모르고 공연히 허덕이며 고통

만 받고 있구나"라고 하셨다.
이것이 안팎이 모두 진심의 작용이라고 보아서 망심을 없애는(內外全用息妄) 공부이다.

八, 內外全用, 謂做功夫時, 將一切內外身心器界諸法及一切動用施爲, 悉觀作眞心妙用, 一切心念纔生, 便是妙用現前, 旣一切皆是妙用, 妄心向甚麼處安着?
故永嘉云:"無明實性, 卽佛性, 幻化空身, 卽法身"
志公十二時歌云:"平旦寅, 狂機內隱道人身, 坐臥不知元是道, 只麼忙忙受苦辛"
此是內外全用息妄功夫也.

―― 우리는 안팎의 모든 현상, 즉 몸과 마음, 모든 세계 존재를 접하며 살아간다. 일체 활동을 하고 베푸는 행위를 하면서 더 많은 상황을 접하고 살아간다. 이 과정에서 탐진치 삼독을 일으키고 아상에 빠져들어 번뇌 망상으로 괴로워한다. 그때 그 모든 대상과 상황이 모두 진심의 묘한 작용이라고 관(觀)하는 것이다. 이것은 너무나 소중한 일상생활 수행의 요체다.

―― 대상을 접하고 상황을 경험하면 거의 자동적으로 망상이 일어난다. 그러나 바로 그 망상이 일어나자마자, 혹은 망상이 일어날 조짐을 보일 때마다, 진심이 묘하게 작용하여 내 앞에 나타난 것이라고 보자는 것이다. 그러면 망상이 붙을 자리가 없어지게 된다. 그 자리가 없어지면 망상도 사라진다. 붙을 자리가 없으면 망상은 성립되지 않는다.

―― **무명의 진실한 성품(無明實性)이 곧 불성(佛性)이요, 환과 같은 빈 몸(幻化空身)이 즉 법신(法身)이다** : 『증도가』의 구절이다. 『남명천화상송증도가사실(南明泉和尙頌證道歌事實)』에 상세한 풀이가 있다. 요약하면 다음과 같다.

"무명의 진실한 성품(無明實性)이 곧 불성(佛性)이요"라는 문장의 '무명'은 반야대지(般若大智)의 밝음이 없는 것이고, '불성'은 구경의 청정각성(清淨覺性, 청정한 깨달음의 성품)이다. 무명은 우리로 하여금 생사윤회에서 벗어나지 못하게 한다. 무명은 근본 번뇌로서 모든 진로(塵勞, 번뇌)의 뿌리요, 12연기의 두목이다. 깨닫지 못한 사람은 미혹을 실제의 일(實事)이라 착각하지만, 도인은 반야지(般若智)로 무명을 비추어 불성을 명료하게 본다. 그래서 무명 그대로(卽) 불성이다.

—— **환과 같은 빈 몸(幻化空身)이 즉 법신(法身)이다** : 이미 무명 그대로가 바로 불성임을 알았다면 환신(幻身)이 바로 법신임을 응당 알게 된다. 법신은, 부처님의 진정한 몸이 다섯 가지 깨달음의 덕목으로 이루어져 있다고 보아 오분법신(五分法身)으로 설명된다.

① 계율을 지켜 청정해진 덕인 계신(戒身)
② 선정을 통해 고요하고 안정된 덕인 정신(定身)
③ 모든 것을 꿰뚫어 보는 지혜의 덕인 혜신(慧身)
④ 번뇌와 고통에서 완전히 벗어난 덕인 해탈신(解脫身)
⑤ 해탈에서 나오는 반야지혜의 덕인 해탈지견신(解脫知見身)

이 법신은 능히 일체법을 낳을 수 있고, 일체법을 널리 포섭할 수 있다. 도인은 자신의 환신(幻身)이 바로 상주(常住)하는 금강불괴신[金剛不壞身, 금강처럼 단단하여 부서지지 않는 몸, 즉 불신(佛身)]임을 안다. 그러므로 "환과 같은 빈 몸이 즉 법신이다"라고 말한 것이다.

예불 때마다 부처님의 다섯 법신인 계신(戒身), 정신(定身), 혜신(慧身), 해탈신(解脫身), 해탈지견신(解脫知見身)을 위해 올리는 향인 계향, 정향, 혜향, 해탈향, 해탈지견향은 그런 점에서, 나의 법신에게 올리는 향이면서 나의 법신에서 풍겨 나오는 향이라 할 수 있다.

── 동트는 새벽 인시(寅時)여, 미치광이의 틀 안에 도인의 몸이 숨어 있도다. 앉고 눕는 것이 원래 도인 줄 모르고 공연히 허덕이며 고통만 받고 있구나 : 새벽 인시 무렵에는 먼동이 튼다. 먼동이 틀 때의 햇살 광채는 '삼매의 원만한 광채'인데, 그 광채로 법신을 증득한다고 한다(『조당집』). 사람의 머리를 꿰뚫는 그 광채는 대천세계를 손바닥 안에 거두게 하는데도 사람들은 잘 모른다. 그 시각 미치광이 형상을 한 사람 안에도 도인 몸이 깃들어 있으니, 미치광이가 바로 도인이다.

 미치광이조차 도인인데, 앉고 눕는 평범한 행위에 도가 없겠는가? 그렇게 평범하게 살아가는 이 몸이 어찌 도인이 아니겠는가? 이 몸이 도인인 줄 모르고 고통으로 허덕이며 살아가는가?

무심 공부 ⑨
진심의 본체 그대로가 곧 작용이라 봄

아홉째는 (진심의) 본체 그대로가 곧 작용(卽體卽用)이라고 보는 것이다. 공부할 때 비록 진심의 본체에 깊이 부합하여 한 맛으로 비고 고요하게(空寂) 되나, 그 가운데에 안으로 신령한 밝음(靈明)이 숨겨져 있으니, 본체 그대로가 곧 작용인 것이다.

또 신령하게 밝은 가운데에 안으로 비고 고요한 것이 숨겨져 있으니, 작용 그대로가 곧 본체인 것이다.

그러므로 영가(永嘉)께서 이르시되,

"성성적적(惺惺寂寂, 또렷하면서도 고요한 것)은 옳지만 성성망상(惺惺妄想, 또렷하면서 망상을 일으키는 것)은 그르다. 적적성성(寂寂惺惺, 고요하면서도 또렷함)은 옳지만 적적무기(寂寂無記, 고요하면서 멍청한 것)는 그르다"라고 하셨다.

적적(고요함)한 가운데 무기(멍청함)를 수용하지 않고, 성성(또렷함)한 가운데 어지러운 생각(亂想)을 용납하지 않으니, 망심이 어떻게 생겨나겠는가?

이것이 진심의 본체 그대로가 작용(卽體卽用)이라고 보아서 망심을 없애는(滅妄) 공부이다.

九, 卽體卽用, 謂做功夫時, 雖冥合眞體, 一味空寂, 而於中內隱靈明, 乃體卽用也. 靈明中, 內隱空寂, 用卽體也.

故永嘉云:"惺惺寂寂是, 惺惺妄想非, 寂寂惺惺是, 無計寂寂非"

旣寂寂中不容無計, 惺惺中不用亂想, 所有妄心如何得生?

此是卽體卽用滅妄功夫也.

⋯

── 진심의 본체는 텅 비어 고요하고, 진심의 작용은 신령스럽게 밝다. 이와 같은 본체와 작용을 분리하지 않고 동시에 함께 설명한다. 우리도 그렇게 이해하는 것이 맞다.

── 즉체즉용(卽體卽用)은 '체(體, 본체)'와 '용(用, 작용)' 앞에 각각 '즉(卽)'을 붙인 것이다. 즉(卽)은 '곧', '즉시'라는 뜻이다. 본체가 곧 작용이고, 작용이 곧 본체이다. 본체가 곧 작용이기 때문에 본체에서 즉시 작용을 떠올린다. 작용이 곧 본체이기 때문에 작용에서 즉시 본체를 떠올린다. 그래서 본체와 작용이 따로 있지 않고 동시에 당처(當處, 어떤 일이 일어난 그 자리)에 함께 있다.

── 진심의 본체에 깊이 부합하면 한결같이 텅 비고 고요하게 된다. 동시에 그 안에 신령한 밝음(靈明)이 깃들어 있는 것을 깨닫는다. 그래서 본체의 텅 비고 고요한 것 그대로가 작용인 신령하고 밝은 것이 된다. 역으로 진심의 본체가 작용하면 신령하고 밝게 된다. 동시에 그 바탕에 있는 텅 비고 고요한 것을 깨닫는다. 그래서 신령하고 밝게 된 것 그대로가 텅 비고 고요한 것이 된다.

── 이 즉체즉용을 가장 잘 설명하여 널리 회자되는 것이 영가 스님

이 하신 위의 말씀이다. 『영가집』에 실려 있고, 지눌 스님도 『정혜결사문』에 인용했다. 성성적적과 적적성성만을 인정했다. '또렷함'과 '고요함'이 함께 있기 때문이다. 반면 둘 중 하나만 작동하는 경우는 인정하지 않았다. 즉, 성성만 있는 것은 '성성망상'이기에 그르다. 성성만 있으면 또렷함이 지나쳐 망상으로 치닫게 되는 것을 지적했다. 적적만 있는 것은 '적적무기'이기에 그르다. 적적만 있으면 고요함이 지나쳐 멍청함으로 빠져드는 것을 지적했다. 적적(고요함)한 가운데에 무기(멍청함)를 수용하지 않고, 성성(또렷함)한 가운데에 어지러운 생각(亂想)을 용납하지 않으면, 망심이 생길 틈이 없다 했다.

── 영가 스님의 이 말씀은 진심의 본체와 작용이 이분법적으로 나뉘질 수 없고, 우리가 도식적으로 분리시켜도 안 된다고 가르치는 것이다. 이는 이미 '제5장 진심의 본체와 작용은 같은가 다른가'에서 살핀 바 있다. 본체와 작용은 같은 것도 아니고 다른 것도 아니다(같은 것이기도 하면서 다른 것이기도 하다). 물과 파도의 비유를 들었다. 물과 파도는 같은 것도 아니고, 다른 것도 아니다. '형상'에 기준을 두는가, '성품'에 기준을 두는가에 달렸다. 형상에 기준을 두면 물과 파도는 같은 것이 아니다. 성품에 근거를 두면 물과 파도는 다른 것이 아니다.

이렇게 본체와 작용은 기준에 따라 같은 것이기도 하고 다른 것이기도 하다. 형상에 기준을 두면 본체와 작용을 다른 것으로 보게 되는데, 이 경우를 우리는 특별히 조심해야 한다. 얼핏 다른 듯하지만, 진실은 다르지 않기 때문이다. 다른 듯하지만 서로 하나라는 점을 즉시 환기하여 둘이 함께 있도록 조정해야 한다. 이것이 성성적적이요, 적적성성이다. 이것이 본체와 작용을 함께 있게 하는 수행의 요체이다.

무심 공부 ⑩
진심의 본체와 작용을 초월함

열째는 진심의 본체와 작용을 초월하는(透出體用) 것이다.

공부할 때 안팎을 나누지 않고 동서남북도 가리지 않으며, 사방팔면(四方八面, 동·서·남·북·북동·남동·남서·북서)을 다만 하나의 큰 해탈문(번뇌에서 열반으로 들어가는 문)으로 삼아 원만하고 뚜렷한 자리에서 본체와 작용을 나누지 않는 것을 일컫는다.

털끝만큼의 틈도 없이 온몸 그대로를 한 덩어리로 만드니 망심이 어디서 일어나겠는가?

옛 어른이 이르시되,

"온몸에 꿰맨 자국조차 없는지라

위아래가 완전히 둥글도다"라고 하셨다.

이것이 본체와 작용을 초월하여 망심을 없애는(息妄) 공부이니라.

十, 透出體用, 謂做功夫時, 不分內外, 亦不辨東西南北, 將四方八面, 只作一箇大解脫門, 圓陀陀地, 體用不分.

無分毫滲漏, 通身打成一片, 其妄何處得起?

古人云: "通身無縫罅, 上下忒團圞"

是乃透出體用滅妄功夫也.

── 지금까지 진심의 본체와 작용 중 어느 한쪽이나 양쪽을 기준으로 삼아 다양한 경우들을 설명했다. 이제 마지막으로 본체와 작용을 완전히 초월하는 수행법을 제시한다. 앞의 경우들을 거친 뒤, 결국 그것들을 다 넘어서서 하나가 되는 것이다. 그 하나는 망심이 아니고 진심이며 일심(一心)이다.

── 어떤 것도 나누거나 가리지 않으며, 추구하는 것은 오직 하나의 해탈문이다. 번뇌 망상에 허덕이며 생사 세계를 떠돌던 중생이 열반으로 들어갈 수 있는 유일한 통로는 바로 이 하나의 큰 해탈문이다. 그 하나의 큰 해탈문으로 모든 수행이 관통한다. 거기에는 나의 몸과 대상 경계와 우주 법계가 한 덩어리가 되니 망심이 일어날 틈이 없다.

── 망심이 일어날 틈이 없는 완전한 마음이 진심이고 일심(一心)이다. 원효 대사가 『금강삼매경론』에서 말씀하셨다.

> 일심 가운데 일념이 움직여 하나의 실다운 것에 순응하고, 하나의 행을 닦아 일승에 들어가 하나의 도에 머무른다. 하나의 깨달음을 활용해서 일미를 깨닫는 것이다.
> 一心中, 一念動, 順一實, 修一行. 入一乘, 住一道. 用一覺, 覺一味.

일체 제법은 오직 이 일심이요, 일체중생이 곧 하나의 본각이므로 일각이라 하였다. (…) 여래께서 일체중생을 교화하신 말씀은 모두 일심의 유전에 대한 것이다. 또 (경전이) 일미를 말씀하신 것은, 여래께서 설하신 교법이 모두 중생들로 하여금 일각의 맛에 들어가게 하는 것이었기 때문이다. 모든 중생이 본래 일각(一覺, 본래 깨달음)이었지만, 무명 탓에 꿈속을 떠돌다가 여래의 일미 법문을 듣고 마침내 모두 일심(一心)의 근원으로 돌아왔음을 밝히고자 하였다.

一切諸法, 唯是一心, 一切衆生, 是一本覺, 由是義故, 名爲一覺 (…) 如來所化, 一切衆生, 莫非一心之流轉故, 皆說一味者, 如來所說一切敎法, 無不令入一覺味故. 欲明一切衆生本來一覺, 但由無明隨夢流轉, 皆從如來一味之說, 無不終歸一心之源.

── **온몸에 꿰맨 자국조차 없는지라 위아래가 완전히 둥글도다** : 꿰맨 자국조차 없다는 것은 모든 부분이 결합되어 하나가 된 것이 아니라, 원래 하나의 몸이라는 뜻이다. 위아래가 '완전히 둥글다'는 것이 그런 뜻이다. 그 상황은 장로자각 대사(長蘆慈覺大師)의 다음 말씀과 게송에서 비롯되었다.

옛 부처께서 태어나시기 이전은 〇(圓相)이다. 바로 그런 때, 옛 부처 이전의 일은 혼돈이 나뉘기 전이라 아버지, 어머니도 태어나지 않았고, 포태(胞胎)도 갖추어지지 않았으니, 낱낱이 우뚝 솟은 산허리를 걷어차고 온몸엔 꿰맨 자국 하나 없다. 설령 정 같은 주둥이에 쇠로 된 혓바닥이라 해도 끝내 말로 미치지 못한다. 가히 위로 향한 한 가닥 길(向上一路)이요, 1천 명의 성인도 전하지 못하는 것이다.

古佛未生前○. 正當恁麼時, 古佛已前事, 混沌未分, 父母未生, 胞胎未具, 箇箇踢突巒, 通身無縫鏬, 假饒釘觜鐵舌也, 卒話會不及. 可謂向上一路, 千聖不傳.

게송을 읊으셨다.

옛 부처가 태어나시기 전
엉긴 모양 하나의 원
석가도 알지 못했는데
가섭이 어찌 전할 수 있을까
古佛未生前
凝然一相圓
釋迦猶不會
迦葉豈能傳
―『종문원상집(宗門圓相集)』

이 경지에서는 부처님의 지혜도 꺾이고 그 깨달음도 사라진다. 오직 위로 향한 한 길일 뿐이다. 이 길은 언어로 설명될 수 없으니 설사 "정 같은 주둥이에 쇠로 된 혓바닥"이 있는 사람이 영원히 말을 한다

해도 다 설명할 수 없어 다다를 수 없다. 그래도 그 길을 일심으로 가는 사람, 그 사람을 '향상일로(向上一路)의 사람'이라 부른다. '향상일로'를 풀이하면 '위로 향한 한 갈래 길'이 되지만, 그 뜻은 태초 이전, 시작 이전, 어떤 분별 분화도 시작되기 이전, 완전 하나였던 그 경지로 돌아감이다.

공들임 없는 공부

이상 10가지 공부법을 모두 다 쓸 필요는 없다. 다만 한 가지 문(門)만을 택하여 공부를 성취하면 망심은 저절로 소멸해버리고 진심이 곧 나타날 것이다. 근기를 따라 숙세에 익힌 것이 어느 공부법과 인연이 있는지 (간파하고) 그것을 잘 익혀가라.

이런 공부야말로 공이 없는 공부(無功之功, 크게 공을 들이지 않아도 잘되는 공부)이지, 마음을 써서 억지로 공력을 들이는 공부가 아니다(非有心功力). 이상이 망심을 쉬어버리는 법문이다. 가장 긴요하기 때문에 너무 설명이 많았다. 글이 번거롭다 여기지 말기를.

已上, 十種做功夫法, 不須全用, 但得一門, 功夫成就, 其妄自滅, 眞心卽現.
隨根宿習, 曾與何法有緣, 卽便習之.
此之功夫, 乃無功之功, 非有心功力也.
此箇休歇妄心法門, 最緊要故, 偏多說, 無文繁也.

∙∙∙

── 지금까지 망심을 없애는 10가지 수행법을 공부했다.

① 알아차리고 살핌(覺察).

② 쉬고 또 쉼(休歇).

③ 마음(주관)을 없애고 경계(대상)는 그대로 둠(泯心存境).

④ 경계를 없애고 마음을 그대로 둠(泯境存心).

⑤ 마음과 경계를 둘 다 없앰(泯心泯境).

⑥ 마음과 경계를 둘 다 남김(存境存心).

⑦ 안팎이 다 진심의 본체라 봄(內外全體).

⑧ 안팎이 다 진심의 작용이라 봄(內外全用).

⑨ 진심의 본체 그대로가 곧 작용이라 봄(卽體卽用).

⑩ 진심의 본체와 작용을 초월함(透出體用).

── **이런 공부야말로 공이 없는 공부이지, 마음을 써서 억지로 공력을 들이는 공부가 아니다** : 이에 대해 통현 장자는 『신화엄경론』에서 다음처럼 설명하셨다.

> 작위(作爲, 의도적으로 조작함)가 있는 법은 성취하기가 어렵다. 반면 작위가 없이 오직 연(緣)에만 따르면 이루기가 쉽다. 작위하는 자는 수고롭기만 할 뿐 공(功)이 없다. 작위하지 않는 자는 연에 따라 저절

로 성취한다. 공이 없는 공(無功之功)은 공이 헛되이 버려지지 않지만, 공이 있는 공(有功之功)은 공이 다 무상(無常)하기에 여러 겁 동안 공을 쌓는다 해도 결국은 무너지기 마련이다.

동산 스님은 『선문오종강요(禪門五宗綱要)』에서 다음처럼 말씀하셨다.

> 바로 이때가 공(功)을 들이는 때이니, 이전에 그를 향하고 그를 받들었던 것은 공(功)이 아니었다. 이제 당장 그 자리에서 인정하고서 온몸으로 짐을 짊어지면서도, 닦고 행한다는 마음과 힘을 실오라기만큼도 쓰지 않아야 비로소 그걸 공(功)이라 할 것이다. 이것을 공이 없는 공(無功之功)이라 한다.

──자기 기질, 성품, 능력, 전생(혹은 어제) 수행 경험, 다음 생(혹은 내일)의 수행 서원 등을 고려하여 수행법을 선택하고 실천할 뿐, 남의 수행법에 대해 이러쿵저러쿵 말하지 않는다. 단 하나의 공부법에 집중하거나 몇 가지 공부법을 겸하여 수행한다. 선지식은 나의 이런 형편과 인연을 간파하시고 나에게 알맞은 공부법이나 화두를 간택해주실 것이다. 선지식을 만나지 못했다면 나 스스로 선택과 집중을 할 수도 있다. 나 자신이 나를 가장 잘 알기 때문이다.

──우리는 전생에 부처님 법을 만나 수행한 덕으로 이번 생에 사

람 몸을 받아서 부처님 법을 다시 만나고 수행을 계속하기도 한다. 이번 생에 공부를 마치지 못하면 다음 생에도 수행을 계속하여 언젠가 깨닫기를 서원한다. 한 생에 끝나지 않은 이 거룩한 공부에 주눅 들지 말고 이런 기회를 얻게 된 것에 대해 언제나 감사하며 지금 여기서 할 수 있는 최선을 다한다. 그것이 '공이 없는 공부', '공들임 없는 공부'일 것이다.

제8장

진심과 행주좌와

眞心四儀

사마타

문 — 앞에서 '망상을 쉬는 법(息妄)'을 말씀해주셨거니와, 그것은 다만 앉아서 익히는 것인지요? 아니면 걸어가거나 멈추어 설 때도 통하는 것인지요?

답 — 경론에서는 앉아서 익히는 것을 많이 말씀하셨는데, 그것은 성취하기가 쉽기 때문이다. 그렇지만 걸어가고 멈추어 섰을 때도 역시 통하니, 오래오래 하면 점점 더 잘 익혀지기 때문이다.

『대승기신론』에서 말씀하시기를,

"지(止, 사마타)를 닦는 사람은 고요한 곳에 머물며 단정하게 앉아 생각을 바르게 할 것이다. 호흡에 의지하지 말고, 형상에도 의지하지 말며, 공(空)에도 의지하지 말고, 땅·물·불·바람에도 의지하지 말고, 보고 듣고 알아차리고 아는 데(見聞覺知)에도 의지하지 말아야 한다.

모든 망상들을 생각에 따라 다 제거해가되, 망상을 제거한다는 생각조차도 버려야 한다. 모든 법은 본래 망상이 없는(無想) 것이니, 생각 생각에 (망상이) 생겨나는 것도 아니고 사라지는 것도 아니다. 또 마음을 따라 바깥 경계를 생각했다가, 그 마음으로써 마음을 제거하려고도 하지 말라.

만약 마음이 자꾸 흩어지고 달아나면 그 마음을 거둬들여 바른 생각(正念)에 머물게 하라. 이 바른 생각이란 오직 마음만 있고 바깥 경계는 없다는 것을 말함을 알아야 한다. 또한 이 마음이란 것도 스스로 상(相)이 없기에 생각 생각으로써 얻을 수 없다.

만약 (공부한다고) 앉았다가 일어나 걸어가거나 걸어오고 나아가거나 머물면서 베풀고 짓는 바(施作)가 있다 하더라도, 항상 방편을 생각해서 이치에 따라 잘 관찰해서 오래오래 익히면 그 마음이 안정될 것이다. 마음이 안정되기 때문에 점점 강하고 총명해질 것이며, 그에 따라서 진여삼매(眞如三昧)에 능히 들어가게 된다. 그러면 번뇌를 철저히 항복시키고, 신심(信心)을 증장시켜 물러나지 않는 경지를 빨리 이루게 될 것이다.

그러나 이를 의심하고 믿지 않고 비방하는 사람, 죄의 업장이 두터운 사람, 아만심이 많고 해이한 사람 등은 제외되니, 이런 사람들은 거기로 들어갈 수 없다"라고 하셨다.

이상(『대승기신론』)에 의거하면 (앉아서 익히는 좌선의 방법은 가고 머물고 앉고 눕는) 사의(四儀)에 다 통한다.

或曰, 前說息妄, 未審, 但只坐習, 亦通行住等耶?

曰, 經論多說坐習, 所以易成故, 亦通行住等, 久久, 漸成純熟故.

起信論云:"若修止者, 住於靜處, 端坐正意, 不依氣息, 不依形色, 不依於空, 不依地水火風, 乃至不依見聞覺知,

一切諸想, 隨念皆除, 亦遣除想, 以一切法, 本來無想, 念念不生, 念念不滅, 亦不得隨心, 外念境界後, 以心除心,

心若馳散, 卽當收來, 住於正念, 是正念者, 當知唯心, 無外境界, 卽復此心, 亦無自相, 念念不可得.

若從坐起, 去來進止, 有所施作, 於一切時, 常念方便, 隨順觀察, 久習純熟, 其心得住.

以心住故, 漸漸猛利, 隨順得入眞如三昧, 深伏煩惱, 信心增長, 速成不退.

唯除疑惑, 不信誹謗, 重罪業障, 我慢懈怠, 如是等人, 所不能入"

據此則, 通四儀也.

⸻ 앞에서 말한 수행법이 앉아서 하는 좌선에만 국한되지 않고 일상생활 중 가고 머물고 앉고 눕는 행주좌와(行住坐臥) 사의(四儀)에 다 통용될 수 있음을 밝혔다.

⸻ 『대승기신론』에 의거하여 먼저 앉아서 하는 사마타(奢摩他, 止) 수행을 권장했다. 사마타는 고요한 곳에 단정하게 앉아 생각을 바르게 하는 것이다. 어디에도 의지하지 않고, 일체 망상들이 일어나는 대로 다 버려가되, 버린다는 생각조차도 버린다. 그러면 마음이 안정될 터인데, 그것을 적정경안(寂靜輕安, 고요한 편안함)이라 한다.

마음이 안정되면 더 강하고 총명해져 마침내 진여삼매에도 들어갈 수 있다.

⸻ 만약 마음이 자꾸 흩어지고 달아나면 그 마음을 거둬들여 정념(正念, 사띠·깨어 있음)에 머물게 하라고 했다. 이때 정념이란 '오직 마음만 있고 바깥 경계는 없다(唯識無境)'는 것을 알아차리는 것이다.

⸻ 앞에서 설명하는 『대승기신론』의 좌선과 행선 수행 단계는 원효대사가 가르치신 9심주법(九心住法)과 유사하다. 9심주는 수행자가 대상 경계의 자극과 유혹 등에 흔들림 없이 평화롭고 고요한 마음을 이

루어가는 경지를 9가지로 나눈 것이다. 내주(內住), 등주(等住), 안주(安住), 근주(近住), 조순(調順), 적정(寂靜), 최극정(最極靜), 전주일취(專住一趣), 등지(等持) 등이다.

① 내주 : 마음을 산란하게 하는 일체 대상 경계에 끌려다니지 않고 내면으로 향하게 하고 안에다 묶어두는 것이다. 위『대승기신론』의 구절 중 "호흡에 의지하지 말고, 형상에도 의지하지 말며, 공(空)에도 의지하지 말고, 땅·물·불·바람에도 의지하지 말고, 보고 듣고 알아차리고 아는 데(見聞覺知)에도 의지하지 말아야 한다"가 여기에 해당한다.

② 등주 : 평등한 생각으로 거칠게 움직이는 마음을 꺾어 미세하게 거두어들여서 머무르게 하는 것이다.『대승기신론』의 구절 중 "모든 망상들을 생각에 따라 다 제거해가되"가 여기에 해당한다.

③ 안주 : 이 마음이 다시 정념(正念)을 잃고 바깥 경계에 산란해져도 그 산란함이 모두 사라져서 편안히 머무르는 것이다.『대승기신론』의 구절 중 "망상을 제거한다는 생각조차도 버려야 한다"가 여기에 해당한다.

④ 근주 : 친근하게 머무를 것을 늘 생각하고, 그 생각에 의해 그 마음을 안으로 머무르게 하는 것이다.『대승기신론』의 구절 중 "모든 법은 본래 망상이 없는(無想) 것이니, 생각 생각에 (망상이) 생겨나는 것도 아니고 사라지는 것도 아니다"가 여기에 해당한다.

⑤ 조순 : 바깥 사물이나 경계에 집착하는 생각을 일으키지 않는 것으로, 마음이 밖으로 흐트러지지 않게 조절하는 것이다.『대승기신론』의 구절 중 "또 마음을 따라 경계를 생각했다가, 그 마음으로써 마음을

제거하려고도 하지 말라"가 여기에 해당한다.

⑥ 적정 : 움직이는 마음을 제거하여 동요하지 않게 한다.『대승기신론』의 구절 중 "만약 마음이 자꾸 흩어지고 달아나면 그 마음을 거둬들여 정념(正念)에 머물게 하라"가 여기에 해당한다.

⑦ 최극정 : 바깥 경계가 따로 없다는 진실을 자각함으로써 마음의 동요를 다스리고, 마음의 자상(自相)도 없다는 것을 깨닫는다.『대승기신론』의 구절 중 "오직 마음만 있고 바깥 경계는 없다는 것을 말함을 알아야 한다. 또한 이 마음이란 것도 스스로 상(相)이 없기에 생각 생각으로써 얻을 수 없다"가 여기에 해당한다.

이상 ①에서 ⑦까지가 마음을 고요하게 머물게 하는 수행법으로서, 앉아서 수행하는 것이 알맞고 효과적이다.

다음 ⑧과 ⑨가 행주좌와에 다 통하는 수행법이다.

⑧ 전주일취 : 적정(寂靜) 상태가 앉아 있을 때만 유지되는 것이 아니라, 어느 때 무슨 일을 하든지 그 적정 상태를 유지하게 하는 것이다.『대승기신론』의 구절 중 "만약 (공부한다고) 앉았다가 일어나 걸어가거나 걸어오고 나아가거나 머물면서 베풀고 짓는 바(施作)가 있다 하더라도, 항상 방편을 생각해서 이치에 따라 잘 관찰해서 오래오래 익히면 그 마음이 안정될 것이다"가 여기에 해당한다.

⑨ 등지 : 적정의 상태가 애쓰지 않아도 자연스럽게 이루어질 때가 진여삼매의 상태인 것을 깨달아 한결같은(等) 마음을 유지(持)한다. 법계가 진여의 모습을 지니고 있는 사실을 알게 되고, 모든 중생이 그냥 그대로 진여의 몸과 다를 바 없음을 알게 되는 삼매인 일상삼매(一相

三昧)를 이루는 것이다. 『대승기신론』의 구절 중 "마음이 안정되기 때문에 점점 강하고 총명해질 것이며, 그에 따라서 진여삼매에 능히 들어가게 된다. 그러면 번뇌를 철저히 항복시키고 신심을 증장시켜 물러나지 않는 경지를 빨리 이루게 될 것이다"가 여기에 해당한다.

──── 수행의 단계나 점차(漸次)에서 사마타는 첫 단계이며 바탕이 된다. 사마타는 독자적으로 수행되기도 하고 삼마발제[三摩拔提, 자비경안(慈悲輕安, 자비심의 실천에서 우러난 편안함)]나 선나[禪那, 적멸경안(寂滅輕安, 일체가 적멸한 데서 우러난 편안함)] 등과 결합되어 수행되기도 한다.

'사마타-삼마발제-선나' 수행을 부처님의 사선정(四禪定)과 연결시킬 수 있다. 제1 선정에서는 욕탐을 버림으로써 현실적 번뇌에서 벗어나는 희열과 즐거움이 있다. 제2 선정에서는 선정 수행에서 나오는 희열과 즐거움이 있다. 사마타의 적정경안이 여기에 해당한다. 제3 선정에서는 희열이 사라지고(喜心寂滅) 순정한 즐거움인 대비심(大悲心)이 생긴다. 삼마발제의 자비경안(慈悲輕安)이다. 제4 선정에서는 행복과 고통이 버려지고 이전의 만족과 불만도 사라진 뒤, 괴로움을 뛰어넘고 즐거움을 뛰어넘는다. 선나의 적멸경안(寂滅輕安)이다.

──── 정언 선사가 소개한 『대승기신론』의 사마타 수행법이 실제적이고 구체적이라면, 『원각경』은 더 근본적인 차원에서 사마타 수행법을 가르친다.

여래의 청정한 원각심(圓覺心)을 구하고자 한다면 먼저 정념(正念)으로써 온갖 환을 멀리 여의어야 한다. 먼저 여래의 사마타 수행에 의지하여 계율을 단단히 지키고서 대중들의 방이나 고요한 방에 편안히 앉아서 다음처럼 생각하라.

'지금 나의 몸은 사대(四大)가 화합한 것인데 (…) 사대가 흩어지면 지금 이 망령된 몸(妄身)은 어디에 있겠는가? (…) 이 몸은 환으로 만들어진 것이다. (…) 사대가 잠시 화합하여 육근(六根)이 생겼고, 육근과 사대가 안팎으로 잠시 화합한 것을 마음이라 부르니 이 허망한 마음도 만약 육진(六塵)이 사라지면 존재하지 못할 것이다.'

─『원각경』「보안장」

이렇게 정념으로써 온갖 환을 멀리 여의면서 본격적 사마타 수행을 시작한다. 무릇 수행은 계정혜(戒定慧) 삼학을 필수로 한다. 계율(戒)을 먼저 지키며 선정(定)을 하고, 선정을 이루면 지혜가 난다. '계-정-혜', 이것이 공부의 순서이다. 중간의 정 혹은 선정이 바로 사마타이다.

── 사마타는 마음의 산란함을 멈추고 고요함을 지속시키는 것인데, 다만 고요한 환경만을 만든다고 사마타가 이뤄지는 것은 아니다. 나와 세상을 보는 정견(正見)이 확립되어야 한다.『원각경』은 그 과정도 설명해주신다.

보살은 청정한 원각(淨圓覺)을 깨달아서 청정한 원각의 마음(淨覺心)

으로써 고요함을 취하는 것을 수행으로 삼는다. 그러면 온갖 망상이 그치고 생각이 맑아진다. 그런 까닭에 (일체법이) 식(識)의 요동일 따름인 것(一切唯心造)을 깨달으니 고요한 지혜(靜慧)가 생겨난다. 이로 말미암아 나의 몸과 마음 및 대상 세계가 영원히 소멸하니, 문득 안으로 적정경안(寂靜輕安, 고요함에서 나오는 편안함)이 만들어지는 것이다. 적정한 고로 그 가운데로부터 시방세계 모든 여래의 마음(如來心)이 나오는데, 마치 거울 속의 형상과 같다. 이 방편을 사마타라 이름한다.

—『원각경』「위덕자재장」

—— 위「위덕자재장」의 가르침을 이렇게 풀이할 수 있다.

원각을 깨달은 보살은 우리의 모범이다. 우리는 보살이 걸어온 길을 따라가면 깨닫게 된다. 보살은 오직 중생을 깨닫게 해주기 위해 존재하기 때문이다. 보살은 원각을 이미 깨달았기에 근본 마음이 청정하여 산란한 움직임이 없다. 진심이 나타나는 고로 망심이 꿈틀거리는 것을 분명하게 관찰하여 알아차린다. 그러면 마음이 움직이지 않고 고요한 지혜(靜慧)가 발생한다. 그래서 나의 몸과 마음 및 대상 세계가 영원히 소멸한다. 이 상태가 사마타의 적정경안이다.

거울의 비유를 통해 더 구체적으로 이해할 수 있다. 우리 마음의 산란한 움직임이 멈추면 고요하게 된다. 거울에서 티끌 먼지가 사라지면 빛이 나온다. 거울에서 빛이 나오는 것은 사마타를 이룬 우리 마음에서 불심(佛心, 여래심)이 나오는 것과 같다.

가거나 머물거나
앉거나 눕거나

『원각경』에서 말씀하시되,

"먼저 여래의 사마타 행(行)에 의지하여 계율을 굳게 지키고 대중 속에 편안히 거처하거나 고요한 방에 조용히 앉아라"라고 하셨다.

이것(사마타)은 맨 처음에 익혀야 하는 것이다.

영가(永嘉) 선사께서 이르시되,

"걸어 다닐 때도 참선이고, 앉아도 또한 참선이라. 말하거나 침묵하거나 움직이거나 고요할 때도 마음의 본체는 편안하다"라고 하셨다.

이 말씀들에 의거하자면 역시 4가지 거동(四儀)에 두루 통한다. 공부하는 힘에 대해 전체적으로 이야기한다면, 앉아 있어도 마음을 쉬게 하지 못한다면, 어찌 걸어 다니거나 멈추면서 도에 들어갈 수 있겠는가?

공부에 완숙한 사람이라면 1천 분의 성인이 오더라도 놀라서 일어나지 않고, 온갖 요망한 마귀가 덤비더라도 돌아보지 않을 것이니, 어찌 걸어 다니거나 멈추거나 앉아 있으면서 공부하지 못하겠는가?

어떤 사람이 남에게 원수를 갚으려 할 때, 가거나 머물거나 앉거나 눕거나 마시고 먹거나 그 무슨 일을 할 때라도 그것을 잊지 않는다. 남을 사랑하고자 하는 경우도 역시 그러하다. 증오와 사랑은 마음속 유심(有心)의 일로서, 그 유심 가운데서도 오히려 그것을 이룰 수 있다. 하물며 지금의 이 공부는 무심(無心)의 일이니, 어찌 4가지 거동(행주좌와) 가운데서 언제나 이루지 못할까 의심하는가?

다만 믿지 못하고 공부하지 않을까가 걱정이 될 뿐이지, 공부를 행하고 믿으면 4가지 거동 가운데서도 도를 결코 잃지 않을 것이다.

圓覺經云:"先依如來奢摩他行, 堅持禁戒, 安處徒衆, 宴坐靜室"
此初習也.
永嘉云:"行亦禪, 坐亦禪, 語默動靜, 體安然"
據此, 亦通四儀耳. 總論功力, 坐尙不能息心, 況行住等, 豈能入道耶?
若是用得純熟底人, 千聖興來, 驚不起, 萬般魔妖, 不廻頭, 豈況行住坐中, 不能做功夫也?
如人欲讐恨於人, 乃至行住坐臥, 飮食動用, 一切時中, 不能忘了, 欲愛樂於人, 亦復如是. 且憎愛, 有心中事, 尙於有心中容得, 今做功夫, 是無心事, 又何疑四儀中, 不常現前也?
只恐不信不爲, 若爲若信則, 威儀中, 道必不失也.

⎯⎯ 앞에서 언급한 『원각경』 「위덕자재장」을 인용하여 사마타 수행으로부터 수행을 시작하되, 좌선은 물론 행주좌와(行住坐臥) 어묵동정(語默動靜) 어느 상황 어느 때에라도 수행을 지속할 수 있고 또 지속해야 함을 강조했다.

⎯⎯ 수행이 계정혜(戒定慧) 삼학으로 이뤄진다는 것을 언제나 명심해야 할 것이다. 계율(戒)을 먼저 지키며 선정(定)을 하고, 선정을 이루면 지혜가 난다. '계-정(선정 사마타)-혜', 이것이 공부의 순서이다.

⎯⎯ 이때 '계'는 '보시'와 함께 마음을 맑히는 역할을 하니, 『법구경』 「사구게」에 잘 요약되어 있다.

　　제악막작(諸惡莫作, 어떤 악도 짓지 말고)
　　중선봉행(衆善奉行, 많은 선을 받들어 행하여)
　　자정기의(自淨其意, 그 마음을 맑힐지니)
　　시제불교(是諸佛教, 이것이 모든 부처님의 가르침이다)

여기서 "어떤 악도 짓지" 않는 것이 '계'에 해당한다면, "많은 선을 받들어 행하"는 것이 '보시'에 해당한다. 지계와 보시가 본격 수행의 조건이요, 바탕이 되어야 한다는 것이다. 그러면 마음이 맑아지기 때문이다. 마음이 맑아지는 것은 선정 수행을 원활히 이뤄지게 하는 조건일 뿐 아니라, 그 자체가 상당한 경지의 지혜이기도 하다. 마음이 맑아지면 마치 잘 닦인 거울처럼 있는 그대로의 모습이 잘 보이기 때문이다.

—— 질문자는 앉아서 하는 좌선과 행주좌와에 하는 행선 중 행선에 대해서 약간의 우려를 하는 듯한 질문을 했다. 답변은 분명하다. 앉아서 하는 좌선 수행이 잘 안 된다면, 행주좌와에 하는 행선 수행이 잘될 리 없다. 앉아서 하는 좌선 수행이 잘되는 사람이라면, 행주좌와에 하는 행선 수행이 잘 안 될 리 없다. 고로 둘을 구분할 필요가 없다는 것이 답변의 요지이다.

거기다가 유심(有心)의 일로써 무심(無心)의 일을 설명했다. 증오와 사랑은 마음속 유심의 일로서, 그 유심 가운데서도 잊지 않고 간절히 하면 오히려 그 뜻을 이룰 수 있다. 하물며 지금의 이 공부는 무심의 일이니, 수행의 뜻이 간절하기만 하면 4가지 거동(행주좌와) 가운데서 그 뜻을 이룰 수 있는 것은 자명하다.

중요한 것은 수행법과 부처님 가르침에 대한 믿음과 수행의 실천이다.

제 9 장

진심이 있는 곳

眞心所在

진심은
어디에 있나요?

문 — 망심을 쉬면 진심이 나타난다 하셨는데, 그렇다면 진심의 본체와 작용은 지금 어디에 있습니까?

답 — 진심의 오묘한 본체는 모든 곳에 두루 다 있다.

영가(永嘉)께서 이르셨다.

"당처(當處, 이 순간 이 자리)를 떠나지 않고 항상 맑고 고요하지만, 찾아보면 볼 수 없다는 것을 그대는 알 것이다."

경에서도 말씀하시기를,

"허공의 성품과 같은 것이기 때문이고, 항상 움직이지 않기 때문이며, 여래장 안에는 일어나고 소멸하는 것이 없기 때문이다"라고 하셨다.

대법안[大法眼, 청량문익(清凉文益)]께서도,

"곳곳이 보리의 길이요, 낱낱이 공덕의 숲이다"라고 하셨다.

이 말씀들은 (진심의) 본체가 있는 곳을 말한 것이다.

진심의 묘한 작용은 느낌에 따라 다르게 나타나니, 마치 골짜기에 메아리가 울리는 것과 같다.

법등(法燈)께서 이르시되,

"옛날이나 지금이나 떠나 있지 않고

분명 눈앞에 있도다.

한 조각 구름은 저녁 골짜기에 피어오르고

외로운 학은 먼 하늘 끝에 내려앉는다"라고 하셨다.

그런 까닭으로 위부(魏府)의 원화엄(元華嚴)께서 이르시되,

"불법은 일상생활 하는 곳에 있으며, 가고 머물고 앉고 눕는 곳과 차마시고 밥 먹는 곳과 말하고 서로 묻는 곳에 있으니, 일을 짓고 일을 하는 데서 마음을 일으켜 망념을 내면 도리어 옳지 않다"라고 하셨다.

고로 알라. 진심의 본체는 일체처에 두루 하여 능히 작용을 일으킨다. 다만 인연이 있고 없고가 일정하지 않은 연고로 묘한 작용이 일정하지 않을 뿐이지 묘한 작용이 없는 것은 아니다.

마음을 닦는 사람이 무위(無爲)의 바다에 들어가서 모든 생사를 건너가고자 한다면 진심의 본체와 작용이 있는 곳에 미혹하지 않아야 할 것이다.

或曰, 息妄心而眞心現矣. 然則眞心體用, 今在何處?

曰, 眞心妙體, 遍一切處.

永嘉云: "不離當處, 常湛然, 覓即知君不可見"

經云: "虛空性故, 常不動故, 如來藏中無起滅故"

大法眼云: "處處菩提路, 頭頭功德林"

此卽是體所在也.

眞心妙用, 隨感隨現, 如谷應聲

法燈云:"今古應無墜, 分明在目前, 片雲生晩谷, 孤鶴下遙天"

所以魏府元華嚴云:"佛法在日用處, 在行住坐臥處, 喫茶喫飯處, 語言相問處, 所作所爲, 擧心動念, 又却不是也"

故知, 體則, 徧一切處, 悉能起用, 但因緣有無不定故, 妙用不定耳, 非無妙用也.

修心之人, 欲入無爲海, 度諸生死, 莫迷眞心體用所在也.

⋯

—— 진심의 오묘한 본체는 모든 곳에 두루 다 있다. 일상생활의 당처를 떠나지 않고 그대로 고요히 있다. 그러나 찾아보려 하면 보이지 않는다. 진심의 본체는 허공과 같다고 할 수 있다. 허공은 모든 것을 받아주고 모든 현상을 일어나게 하지만, 그 자체는 어떤 표시도 없이 그대로 있을 뿐이다.

—— 진심의 묘한 작용은 골짜기의 메아리나 조각구름, 하늘의 학과 같이 나타난다. 인연에 따라 다양하게 나타나니, 가고 머물고 앉고 눕는 곳과 차 마시고 밥 먹고 말하는 곳 등 일상생활 공간 곳곳에 현현한다. 인연에 따라 일정하지 않을 따름이지 작용은 일상 곳곳에 없는 곳이 없다.

—— 진심의 본체와 작용이 있는 곳을 매 순간 알아차리고 잘 본다면, 우리 스스로 조작해내어 우리를 번뇌 망상에 허우적이게 만드는 유위(有爲)의 세계를 벗어나서 무위(無爲)의 세계로 들어갈 수 있다. 무위의 세계는 일체 분별이 없는 곳이기에 번뇌 망상으로부터 자유롭고 생사의 고통에서도 해방된 곳이다. 그에 대한 구체적인 설명이 다음 장에 이어진다.

• 대법안(大法眼): 청량문익(淸凉文益, 885~958). 절강성(浙江省) 여항(餘抗) 출신. 설봉의존(雪峰義存, 822~908)의 제자 현사사비(玄沙師備, 835~908)의 법을 이은 나한계침(羅漢桂琛, 867~928)을 만나 깨침을 얻고는 선법(禪法)을 이어받았다. 중국 오가칠종(五家七宗) 중 마지막인 법안종(法眼宗)을 창시했다. 선종의 형식화를 비판하고 선의 실천을 주창했다.

• 원화엄(元華嚴): 원화엄보살로 일컬어진다. 위주(尉州) 고씨로, 평생 오직『화엄경』만 읽었다. 화엄관(華嚴觀)에 들어가면 보름이 지나야 깨어났다. 임종 전 문인이 임종게를 부탁하니, "몇 겁이 지나도 본래 가고 머묾은 없으니/ 응당 무얼 생각하고 무엇을 염려하리/ 몸 돌려 허공을 밟아 없애니/ 일체 옳고 그름을 돌아보지 말지어다(歷劫本無去住, 應用何思何慮, 轉身踏破虛空, 一切是非莫顧)"라 하고 입적했다.

제 10 장

•

생사가 없는 진심

眞心出死

허공 꽃이 없듯
생사도 없다

문 — 일찍이 듣기에 견성한 사람은 생사를 벗어난다 했습니다. 그러나 과거의 조사들은 모두 견성한 분이었지만 생사가 있었고, 현재 세간에서 도를 닦는 분들을 보아도 태어나고 죽는 일이 있는 것 같은데, 어째서 생사를 벗어난다고 하는 것입니까?

답 — 생과 사는 본래 없는 것인데 망령되어서 있다고 잘못 헤아릴 따름이다. 눈병 든 사람이 병든 눈으로 허공에서 꽃을 보면, 눈병 없는 이가 '허공에 꽃은 없다'라고 말해줘도 그 사람은 믿지 않는다. 그러다가 눈병이 나으면 허공 꽃이 저절로 없어지니 그제야 허공 꽃은 없다고 믿게 된다.

허공 꽃이 없어지지 않는 것처럼 보인다 하더라도, 그 꽃은 본래 공한 것이다(허공 꽃은 본래부터 없다). 눈병 든 사람이 망령되이 허공 꽃이 있다고 집착(妄執)했을 뿐 (허공 꽃의) 실체가 있는 것은 아니다.

그처럼 어떤 사람이 생사가 있다고 망령되게 여기는데(妄認), 생사가 없는 이가 '생사는 본래 없다'라고 일러줘도 믿지 않다가, 하루아침에 망상이 사라져 생사가 저절로 없어지자 비로소 생사는 본래부터 없었다는 것을 알게 된다.

생사가 있다는 망상이 없어지기 전에도 생사는 실제로 있었던 적이 없다. 생사가 있다고 망령되이 여겼을 뿐이다.

그러므로 경(『원각경』)에서 말씀하시기를,

"선남자야, 일체중생이 시작 없는 때부터 갖가지 전도된 생각을 하기를 마치 어리석은 사람이 사방 방위를 바꾼 것과 같이 한다. 사대(四大, 지·수·화·풍)를 잘못 알아 자기 몸의 모습이라 여기고, 육진(六塵, 색·성·향·미·촉·법)에서 비롯한 그림자를 자기 마음의 모습이라 착각한다.

비유하자면 병든 눈으로 허공 가운데서 꽃을 보았다가 뭇 허공 꽃이 허공에서 사라지더라도 그 사라진 곳이 있다고는 말할 수 없는 것 같다. 무슨 까닭인가? 생겨난 곳이 없기 때문이다.

일체중생은 생겨남이 없는 가운데에서 허망하게도 생멸을 보기 때문에 이름하여 '생사에 헤맨다(輪轉生死)'라고 말하는 것이다"라고 하셨다.

이 경문에 의거하여 진실로 믿고 알라. 원각의 진심을 통달하여 깨달으면 본래 생사는 없는 것이다.

或曰, 嘗聞, 見性之人, 出離生死, 然往昔諸祖, 是見性人, 皆有生有死, 今現見世間修道之人, 有生有死事, 如何云出生死耶?

曰, 生死本無, 妄計爲有, 如人病眼, 見空中花, 或無病人, 說無空花, 病者不

信, 目病若無, 空花自滅, 方信花無,

只花未滅, 其花亦空, 但病者, 妄執爲花, 非體實有也.

如人妄認, 生死爲有, 或無生死人, 告云, 本無生死, 彼人不信, 一朝妄息, 生死自除, 方知生死, 本來是無.

只生死未息時, 亦非實有, 以妄認生死有.

故經云:"善男子, 一切衆生, 從無始來, 種種顚倒, 猶如迷人, 四方易處, 妄認四大, 爲自身相, 六塵緣影, 爲自心相.

譬彼病目, 見空中花, 乃至如衆空花, 滅於虛空, 不可說言, 有定滅處, 何以故, 無生處故,

一切衆生, 於無生中, 妄見生滅, 是故, 說名, 輪轉生死"

據此經文, 信知, 達悟圓覺眞心, 本無生死.

―― 죽음에 대한 관심과 거기서 유발된 두려움은 자의식을 가진 사람에게는 근원적인 것이다. 부처님을 결국 출가하게 만든 것도 죽음에 대한 사유와 두려움이었다. 부처님이 정각을 이룬 직후 하신 말씀도 "나는 불사(不死)를 이루었노라"였다. 불사는 '불생불사(不生不死)'이다. 부처님이 불사를 이룰 수 있었던 것은 불생을 통각한 덕이다. 태어난 적이 없기에 죽음도 없다는 것이다. 죽음이 성립되지 않기에 죽음에 대한 두려움도 성립하지 않는다.

―― 우리는 '태어난 적이 없다'는 것을 인정하고 받아들일 수 있는가? 내가 부모로부터 몸을 받아 지금까지 이렇게 살아오고 있는데 태어난 적이 없다고 하니 어이가 없지 않은가? 그래도 내가 태어난 적이 없다는 것은 있는 그대로의 진리이다. 본무생사(本無生死)인 것이다. 본래 생과 사가 없어, 생과 사는 하나였다. 나와 이 세상과 우주 법계도 나눠지지 않은 하나다. 오직 '내가 있다'는 착각을 내가 하면서 거기서 비롯된 분별심 탓에 나와 세상과 우주 법계를 나누기 시작한 것이다. 그래서 나는 이 세상과 우주 법계로부터 분리되고, 그렇게 분리된 나의 생과 사도 시작된 것이다.

이걸 깨달으신 부처님이 우리에게 생사의 진실을 가르쳐주셨다. 내가 부모로부터 몸을 받아 지금까지 살아왔다는 그간의 느낌과 인식은 착각과 분별망상과 꿈에서 비롯한 것이다. 지금까지 우리는 내가 태어났다는 착각을 하고 분별망상을 일으켜서 꿈을 꾸어온 셈이다.

── 정언 선사도 생과 사는 본래 없는 것이라고 명백하게 주창한다. 그간 우리는 다만 생과 사가 있다고 '망령되이 잘못 헤아리고(妄計)' '망령된 인식(妄認)'을 해왔다고 정언 선사는 말한다. 그리고 『원각경』의 허공 꽃의 비유를 가져와서 설명했다. 눈병이 든 사람이 허공에서 허공 꽃을 발견한다. 허공에는 허공 꽃이 결코 없음에도 불구하고 그가 허공 꽃을 본 것은 그 눈에 병이 생긴 탓이다. 그러나 그가 아무리 선명하게 허공 꽃을 본다 하더라도 허공에 허공 꽃은 없다.

없는 허공 꽃을 보는 것은 없는 생사가 있다고 생각하는 것에 해당한다. 생사는 없는 것인데도 불구하고 우리가 망계와 망인을 하는 탓에 생사가 있다고 여기는 것이다.

눈병 없는 이가 '허공에 꽃은 없다'라고 아무리 말해줘도 눈병 든 사람은 그 말을 믿지 않는다. 그렇듯이 생사가 없는 것을 통찰한 이가 '생사는 없다'라고 아무리 말해줘도 망계와 망인에 빠진 사람은 그 말을 믿지 않는다.

눈병이 나으면 허공 꽃이 저절로 없어지니 그제야 허공 꽃은 없다고 믿게 된다. 그렇듯이 망계와 망인에서 벗어나면 생사도 저절로 사라지니 그제야 생사는 없다고 믿게 되는 것이다.

── 『원각경』은 "일체중생은 생겨남이 없는 가운데에서 허망하게도

생멸을 보기 때문에 '생사에 헤맨다'"라고 했다. 태어남이 있다고 생각하고 그래서 죽음도 있다고 생각하는 탓에 '생사윤회'가 있지, 생사윤회가 실제로 있는 것은 아니라는 것이다.

── 중생은 기본적으로 자기가 태어나 존재한다고 집착한다. 그게 너무나 강렬하고 맹목적이기 때문에 '유폭류(有暴流)'라 일컫는다. 존재에 대한 집착에서 스스로 헤어 나올 수 없는 것이 마치 폭포 물의 격랑 속에서 스스로 헤쳐 나오지 못하는 것과 같다는 것이다. 누군가가 손을 내밀어 끌어주어야 한다. 그러나 손을 내밀어도 그 손을 뿌리치고 그냥 계속 폭류에 휩쓸려 떠내려간다. 격랑에서 벗어나면 자기 존재가 말살된다고 착각하기 때문이다.

── 정언 선사가 다시 고구정녕 가르치신다. 바로 이 『원각경』 경문에 의지하라고. 그 가르침을 진실로 믿고 깨달음에 이르라. 원각의 진심을 통달하여 깨달으면 본래 생사는 없다는 것이다. 이 진실을 그대로 보려고 노력해야 한다. 그것이 수행이다. 그 진실을 금방 잘 볼 수 없다면, '불생불사'라는 부처님 말씀과 『원각경』의 구절을 언제나 되새기며 믿음을 일으켜가야 할 것이다.

생사가 없음을 알면서도 왜 생사를 벗어나지 못하나요?

지금 생사가 없는 것임을 알면서도 생사를 벗어나지 못하는 것은 공부가 철저히 이르지 못했기 때문이니라.

그러므로 경전에서 말씀하시기를,

"암바녀(菴婆女)가 문수보살에게 '생(生)이 생 아닌(不生) 법을 분명히 알았는데도 어찌하여 생사에 휩쓸리나요?'라고 물으니, 문수보살이 '그 힘이 충분하지 못하기 때문이다'라고 답하셨다. 그 뒤 진산주(進山主)가 수산주(修山主)에게 묻기를, '생(生)이 생 아닌(不生) 법을 분명히 알았는데도 어찌하여 생사에 휩쓸립니까?'라고 물으니, 수산주가 '죽순이 필경 대나무가 되기는 하지만, 지금 당장 그것으로 뗏목을 만들 수는 없다'라고 답하셨다"라고 하셨다.

그러므로 생사가 없다는 것을 아는 것은 생사가 없다는 것을 체득하는 것만 못하고, 생사가 없다는 것을 체득하는 것은 생사가 없다는 것에 계합(契合, 딱 들어맞음)하는 것만 못하며, 생사가 없다는 것에 계합하는 것은 생사가 없다는 도리를 활용하는 것만 못한 줄 알게 된다.
요즘 사람들은 생사가 없다는 것을 아직 알지도 못하니, 하물며 생사가 없다는 것을 체득하거나 생사가 없다는 것에 계합하거나 생사가 없다는 것을 활용할 수 있겠는가?
그러므로 망령되어 생사를 인정하는 자가 생사가 없는 법을 믿지 못하는 것이 당연하지 않겠는가?

今知無生死, 而不能脫生死者, 功夫不到故也.
故敎中說, 菴婆女問文殊云: "明知生是不生之法, 爲甚麽被生死之所流?"
文殊云: "其力未充故"
後有進山主問修山主云: "明知生是不生之法, 爲甚麽却被生死之所流?"
修云: "笋畢竟成竹去, 如今作筏使得麽?"
所以, 知無生死, 不如體無生死, 體無生死, 不如契無生死, 契無生死, 不如用無生死.
今人尙不知無生死, 況體無生死, 契無生死, 用無生死耶?
故, 認生死者, 不信無生死法, 不亦宜乎?

⸻ "생사는 없다." 이렇게 말하고 이렇게 생각하는 사람이 적지 않다. 그럼에도 불구하고 죽음을 앞두고서 고요하고 여여한 사람은 많지 않다. 왜 그럴까? "생이 생 아닌 법을 분명히 알았는데도 어찌하여 생사에 휩쓸리나요?"라는 암바녀와 진산주의 거듭된 질문도 이 같은 의문에서 비롯한 것이다. 문수보살은 "그 힘이 충분하지 못하기 때문이다"라고 해명하셨고, 수산주는 "죽순이 필경 대나무가 되기는 하지만, 지금 당장 그것으로 뗏목을 만들 수는 없다"라는 비유를 들어 실감 나게 해명해주셨다.

⸻ 정언 선사는 이런 선지식들의 문답을 근거로 하여 생사를 벗어나는 공부가 철저하지 못한 것을 지적했다. 생사에서 벗어나는 '철저한 공부'는 어떤 것인가? 정언 선사는 아는 것, 체득하는 것, 계합하는 것, 활용하는 것 등의 단계를 나누어 설명했다. 아는 것은 개념을 통한 인식적 이해이다. 알음알이일 수 있지만 정견(正見)으로 승화될 수도 있다. 체득하는 것은 몸소 경험을 통해 느껴지거나 이해되는 것이다. 자기 식으로 이해하고 경험하고 수용하는 것이다. 계합은 서로 꼭 들어맞는 것이다. 나에게 체득된 생사관과 생사의 진리 사이의 계합이다. 활용하는 것은 계합된 생사관을 이 현실 삶에 응용하는 것이다.
정언 선사는, 생사가 없다는 것을 아는 것은 생사가 없다는 것을 체득하는 것만 못하고, 생사가 없다는 것을 체득하는 것은 생사가 없다는 것에 계합하는 것만 못하며, 생사가 없다는 것에 계합하는 것은 생사가 없다는 도리를 활용하는 것만 못하다고 했다. 생사가 없다는 도리를 활용하는 것이 궁극의 단계요 목표라 할 수 있을 것이다. 물론 그럴 수 있기 위해서는 알고, 체득하고, 계합하는 단계를 간절히 거쳐야 할 것이다.

—— 생사가 없다는 것을 활용하는 것은 구체적으로 어떤 것일까?

① 먼저 자기에게 활용할 수 있다. 생의 가치에 대해 회의하고 절망하고 우울할 때, 생사가 없다는 진실을 떠올려서 그런 절망과 우울로부터 자기를 구제할 수 있다. 생이란 게 없는데 어찌 이렇게 우울해하고 절망하는가? 자기에게 묻고 자기를 위로하는 것이다. 가끔 죽음의 두려움이 자기를 엄습할 때, 생사가 없다는 진실을 떠올려서 죽음도 없고, 그래서 죽음의 두려움도 없는 것임을 되새기게 한다.

② 남에게 활용할 수 있다. 생의 가치를 회의적으로 생각하여 우울해진 사람들이 참 많다. 죽음 앞에서 고통스러워하는 사람들은 더 많다. 그런 사람들을 위하여 내가 확신하고 있는 이 생사관을 전해주어 이해를 돕고 체득하게 하고 거기에 계합되도록 도와준다. 그래서 생에 대한 회의와 죽음에 대한 두려움에서 해방되는 데 힘이 되어준다. 이것은 소중한 중생 구제다.

③ 더 적극적으로 활용할 수 있다. 생사는 없다는 진실을 이해하고 체득하고 거기에 계합함으로써 날마다 좋은 날, 날마다 거룩한 날이

되게 만들 수 있는 것이다.

── 정언 선사는 그 시대 중생들이 생사가 없다는 것을 알지도 못하는 단계에 멈춰 있다고 경책했다. 그 경책은 지금 우리에게도 여전히 적용된다. 지금이라도 늦지 않다. 생사가 없다는 것을 알려고 노력하는 데서 시작하여 체득, 계합, 활용 단계로 나아가야 할 것이다.

• 암바녀: 암라녀(菴羅女). 『잡아함경』, 『암라녀경(菴羅女經)』에 등장하여 부처님께 공양을 올리고서 법문을 듣는다. 마갈다국 빔바사라왕의 왕비였는데 출가하여 암라수원을 바쳤다.

• 수산주: 용제소수(龍濟紹修). 당 말 5대 시기의 스님이다. 지장계침(地藏桂琛, 867~928)의 법을 이었다.

• 진산주: 청계총진(淸溪洪進). 당나라 선승으로 현사사비(玄沙師備)의 법손이다.

제11장

진심 닦기
眞心正助

무심 공부와
선행 닦기

문 — 앞에서 말씀하신 것처럼 망심을 쉬면 진심이 나타날 것입니다. 그런데 망심을 아직 쉬게 하지 못했을 때, 다만 망심을 쉬게 하는 무심(無心) 공부만 계속해야 합니까? 아니면 그 망심을 다스릴 다른 방법이 또 있습니까?

답 — 정(正, 정식으로 하는 것)과 조(助, 보조적으로 하는 것)가 같지 않다. 무심으로써 망심을 쉬게 하는 것을 정으로 삼고, 온갖 선(善)을 행하는 것을 조로 삼는다.

비유하면, 밝은 거울(구리거울)에 먼지가 끼었을 때, 비록 손으로 닦아 내도 되겠지만 오묘한 약으로 문질러야 비로소 밝은 빛이 나는 것과 같다. 먼지나 때는 번뇌이고, 손으로 힘쓰는 것은 무심 공부이며, 문지르는 약은 온갖 선이고, 거울의 밝은 빛은 진심이다.

『대승기신론』에서 말씀하셨다.

"또 믿음이 성취되어 이뤄지는 발심(信成就發心)이란 어떤 마음을 내는 것인가? 대략 3종류가 있으니, 무엇이 3종류인가?

첫째는 곧은 마음(直心)이니 진여의 법을 바르게 생각하는 마음(正念眞如法)이요, 둘째는 깊은 마음(深心)이니 일체의 선행을 (기꺼이) 모으는 마음이요, 셋째는 대비심(大悲心)이니 일체 중생의 고통을 덜어주려는 마음이다.

묻기를, 앞에서 법계(法界)는 하나의 모습이라 부처의 본체(佛體)도 둘이 없다 했거늘, 어찌하여 진여만 생각하지 않고 다시 온갖 착한 행실을 구해서 배워야 합니까?

답하기를, 비유하면 큰 마니주가 있어 그 본체와 성품은 밝고 맑은 것이지만, 광산에서 묻어온 때가 있는 것과 같다. 사람이 비록 보배의 성질을 생각하지만, 방편을 써서 가지가지 방법으로 갈고닦지 않으면 끝내 보배의 깨끗함을 얻지 못한다.

이처럼 진여의 법도 그 본체의 성품은 텅 비고 깨끗하지만, 한없는 번뇌의 때가 끼어 있다. 사람이 비록 진여를 생각하나 방편으로 갖가지 훈습(熏習, 연기가 스며드는 듯한 영향. 여기서는 선행이 마음에 좋은 영향을 주는 것)이 되게 하여 닦지 않으면 역시 깨끗함을 얻을 수 없다. 헤아릴 수 없는 (번뇌의) 때가 일체법(모든 존재)에 두루 끼어 있는 까닭에 온갖 선행을 다 닦아서 그것을 잘 다스려야 한다.

만약 사람이 일체 선법(善法)을 두루 닦으면 자연히 진여의 법으로 돌아가게 되는 까닭이다."

위에서 논한 바에 의거하건대, 망심을 쉬게 하는 것으로써 정으로 삼고 여러 선법을 닦는 것으로써 조로 삼는다.

或曰, 如前息妄, 眞心現前, 且如妄未息時, 但只歇妄做無心功夫, 更有別法可對治諸妄耶?

曰, 正助不同也. 以無心息妄爲正, 以習衆善爲助,

譬如明鏡爲塵所覆, 雖以手力揩拭, 要須妙藥磨, 瑩光始現也. 塵垢煩惱也. 手力無心功也. 磨藥衆善也. 鏡光眞心也.

起信論云: "復次, 信成就發心者, 發何等心? 略有三種, 云何爲三? 一者直心, 正念眞如法故, 二者深心, 集一切善行故, 三者大悲心, 欲拔一切衆生苦故

問曰, 上說法界一相, 佛體無二, 何故不唯念眞如, 復假求學諸善也?

答曰, 譬如大摩尼寶, 體性明淨, 而有鑛穢之垢, 若人雖念寶性, 不以方便, 種種磨治, 終無得淨.

如是眞如之法, 體性空淨, 而有無量煩惱染垢, 若人雖念眞如, 不以方便, 種種熏習, 亦無得淨, 以垢無量, 遍一切法故, 修一切善行, 以爲對治, 若人修行一切善法, 自然歸順眞如法故"

據此所論, 以休歇妄心, 爲正, 修諸善法, 爲助.

──'망심을 쉬게 하기 위해 무심 공부만 지속적으로 해야 하는가? 아니면 그것을 보조하는 다른 방편도 있어 그 방편을 병행해야 하는가' 하는 질문이다. 이에 대해 정언 선사는 무심 공부를 정으로 삼고, 선행 닦는 것을 보조 방편으로 삼아야 한다고 답하면서 『대승기신론』을 길게 인용했다.

──『대승기신론』에서 말하는 '신성취발심(信成就發心, 믿음이 성취되어 이뤄지는 발심)'이란, 어떤 사람이 어떤 행을 닦아 믿음을 성취하여 발심하는 것이다.

── 여기서 '어떤 사람'은 삼취(三聚) 혹은 삼정취(三定聚)라는 3부류의 사람이다. 정정취(正定聚)는 항상 나아가 반드시 성불하기로 결정되어 있는 사람이다. 사정취(邪定聚)는 성불할 만한 소질이 없어 더욱 타락하여가는 사람이다. 부정취(不定聚)는 향상하여 성불의 경지에 이를지 타락하고 퇴보하여 악도에 떨어질지 아직 결정되지 않은 중생이다. 부정취에 해당하는 중생은, 어떤 때는 나아가 정각에 근접하지만 또 어떤 때는 물러서버리기도 한다. 여기서는 이렇게 어느 길로 갈지 결정되지 않은 부정취의 경우에 초점을 맞춘다.

─── 부정취가 어떤 행실을 닦아야 믿음이 성취되어 발심하는가를 설명한다. 독자들은 궁금해질 것이다. 한창 '진심'을 이야기하다가 갑자기 『대승기신론』을 인용하며 '믿음'과 '발심'을 이야기하기 때문이다. 초발심시변정각(初發心是便正覺, 초발심 냈을 때가 곧 정각을 이룬 때)이라 했다. 가르침에 대한 믿음을 일으켜 발심한 것 자체가 깨달음이요 진심이다. 그래서 믿음과 발심을 이야기하는 것은 진심을 이야기하는 것과 다를 바 없다.

─── 『대승기신론』은 믿음을 일으켜 발심하게 하는 방편으로 3가지 마음을 제시했다. 곧은 마음(直心), 깊은 마음(深心), 대비심(大悲心)이다.
 ① 곧은 마음(直心)은 진여의 법을 바르게 생각하는 마음 ⇒ 정(正)인 무심 공부
 ② 깊은 마음은 선행을 모으는 마음 ⇒ 조(助)인 선행 닦는 공부
 ③ 대비심은 중생의 고통을 덜어주려는 마음 ⇒ 정이면서 조인 중생 구제
 이런 점에서 정언 선사의 정과 조에 대한 설명이 『대승기신론』의 3가지 마음에 대한 설명과 통한다.

─── 정언 선사가 무심 공부를 정으로 하고, 선행 닦는 것을 조로 설명했다 하여, 무심 공부에 비해 선행 닦는 것을 부차적인 것으로만 보아서는 안 될 것이다. 그런 점에서 앞에서 인용한 바 있는 『법구경』의

칠불통계(七佛通誡)를 다시 살펴볼 필요가 있다.

> 제악막작(諸惡莫作, 어떤 악도 짓지 말고)
> 중선봉행(衆善奉行, 많은 선을 받들어 행하여)
> 자정기의(自淨其意, 그 마음을 맑힐지니)
> 시제불교(是諸佛敎, 이것이 모든 부처님의 가르침이다)

어떤 악도 짓지 않는 것이 '지계'에 해당한다면, 많은 선을 받들어 행하는 것이 '보시'에 해당한다. 지계와 보시가 본격 수행의 조건이요 바탕이 되는데, 그러면 마음이 맑아지기 때문이다. 마음이 맑아지는 것은 선정 수행을 원활히 이뤄지게 하는 조건일 뿐 아니라, 그 자체가 지혜요 깨달음이다.『화엄경』에서 중생 구제를 위하여 자기 생명을 포함한 모든 것을 기꺼이 다 바치는 보살의 선행과 회향이 불교의 궁극적 가치임을 강조하는 것도 이런 까닭에서다.

—— 정언 선사가 선행하는 것을 다만 보조적인 것으로만 낮게 보지 않았다는 것은 거울 닦기 비유에서도 느낄 수 있다. 먼지와 때가 낀 거울에서 빛이 나도록 하기 위해서는, 손으로 닦으면서도 오묘한 약을 문질러줘야 한다. 잘 닦인 거울에서 나는 빛이 진심이라면, 손으로 닦는 것은 무심 공부이고, 문지르는 묘약이 선행이다. 먼지와 때가 낀 구리거울을 손으로 아무리 닦아도 빛을 내기는 어렵다. 광약을 발라 문지를 때 비로소 환한 빛을 내는 것이다. 이런 비유에서도 선행 닦기

를 무심 공부 못지않게 소중히 여기신 정언 선사의 속마음을 읽을 수 있다.

무심과 상응해야지
인과에 집착하지 말라

선(善)을 닦을 때는 무심과 상응해야지, 인과에 집착하지 말아야 한다. 인과에 집착하게 되면, 곧 범부의 인간 세계나 하늘 세계에 태어나는 과보에 떨어져서, 진여를 증득하기 어렵고 생사도 벗어날 수 없다. 무심과 상응한다면, 그것은 바로 진여를 증득하는 방편이 되며, 생사를 벗어나는 중요한 기술이 될 것이고, 겸하여 크나큰 복덕도 얻을 것이다.

『금강반야경』에서 말씀하시되,

"수보리야, 보살이 무주상보시(無住相布施, 상에 집착하지 않는 보시)를 하면 그 복덕을 헤아릴 수 없다"라고 하셨다.

요즘 사람들이 공부하는 것을 보면, 본래 불성이 있는 줄 겨우 알기만 하면 곧 자기의 천진(天眞)만을 믿고는 선행을 익히지 않는다.

그러니 진심에 통달하지 못할 뿐 아니라 게으름을 피우기에 이르니, 악도도 면치 못했거늘 하물며 생사를 벗어날 수 있을까 보냐? 그 소견

이 크게 그릇된 것이다.

若修善時, 與無心相應, 不取着因果. 若取因果, 便落凡夫人天報中, 難證眞如, 不脫生死. 若與無心相應, 乃是證眞如方便, 脫生死之要術, 兼得廣大福德.
金剛般若經云: "須菩提, 菩薩, 無住相布施, 其福德, 不可思量"
今見世人, 有糸學者, 纔知有箇本來佛性, 乃便自恃天眞, 不習衆善, 豈只於眞心不達, 亦乃翻成懈怠, 惡道尙不能免, 況脫生死? 此見大錯也.

── 정언 선사는 망심을 쉬게 하는 보조 방법으로 선행을 권유하면서, 그 선행이 무심과 상응해야지 인과에 집착하면 안 된다고 강조했다. 무심은 내가 어떤 일을 한다는 생각을 일으키지 않고, 내가 무엇을 이루기 위해 어떤 일을 한다는 생각을 일으키지 않는 것이다. 반면 내가 어떤 일을 한다는 생각을 분명하게 하고, 내가 무엇을 이루기 위해 어떤 일을 한다는 의도를 분명하게 가지면 무심이 아니라 유심이 된다. 그것이 바로 '인과에 집착'하는 것이다. 그러면 정각에 이르기는커녕 인간 세계나 하늘 세계에 태어나는 과보를 받는다. 진여를 증득하기는커녕 생사윤회의 사슬에서도 벗어나기 어렵다.

── 무심과 상응하고 인과에 집착하지 않는 선행은 어떤 것인가? 정언 선사는 이 대목에서 『금강경』을 인용했다. 인용한 구절의 앞부분부터 옮겨보자.

> 수보리야, 보살은 응당 법에 머물지 않고(집착하지 않고) 보시를 해야 한다. 이른바 형색에 머물지 않고 보시하고, 소리·냄새·맛·감촉·의식의 대상에도 머물지 않고 보시해야 한다.
> 수보리야, 보살이 응당 이와 같이 보시하여 형상에 집착하지 말아야 하니(無住相) 어찌 된 까닭인가? 만약 보살이 무주상보시를 하면 그

제11장 진심 닦기 207

복덕을 헤아릴 수 없다.

復次, 須菩提, 菩薩, 於法, 應無所住, 行於布施, 所謂不住色布施, 不住聲香味觸法布施. 須菩提, 菩薩, 應如是布施, 不住於相, 何以故, 若菩薩, 不住相布施, 其福德, 不可思量.

― 『금강경』, 「묘행무주분(妙行無住分)」

보시를 하되, 색·성·향·미·촉·법 등 어떤 대상이나 현상에도 머물거나 집착하지 않는 무주상보시(無住相布施)를 해야 한다는 것이다.

―― 무주상보시는 보시를 행하되, 어떤 조건을 내세우거나 과보도 기대하지 않는 보시이다. 보시하는 자(施者)가 없고, 보시를 받는 자(受者)도 없고, 보시하는 물건(施物)도 없어서 공한 것이 되어야 한다. 그래서 보시하는 것에 집착하는 마음이 없어야 한다. 이것이 중생을 이롭게 하는 보시의 궁극적 모습으로, 삼륜청정(三輪淸淨)이라 일컫는다.

―― 정언 선사가 떠올려서 경책을 주는 당시 사람들의 모습이 지금 우리와 별 차이가 없다. 사람들이 '본래성불'이나 '자기 부처'라는 알음알이만 내고는 간절한 수행도 선행도 하지 않고 게을러지는 것이다. "방일하지 말고 응당 해야 할 바를 성취하라"라고 마지막 유훈을 내리신 부처님의 선견지명을 떠올린다. 명심하며 살아갈 일이다.

제
12
장

진심의 공덕

眞
心
功
德

무심의 성공덕

문 — 유심(有心, 의도적으로 일으킨 마음)으로 인(因)을 닦으면 그 공덕이 있을 것을 의심하지 않지만, 무심으로 인을 닦으면 그 공덕이 어떻게 옵니까?

답 — 유심으로 인을 닦으면 유위의 과보를 얻고, 무심으로 인을 닦으면 성공덕(性功德, 성품의 공덕, 참되고 청정한 무분별지의 공덕)이 드러난다. 이 (성품의) 공덕은 사람이 본래 스스로 다 갖추고 있었지만, 망심이 덮고 있어 나타나지 못하다가, 망심이 없어지니 저절로 드러난 것이다.

그러므로 영가 스님께서 이르시되,

"삼신(三身, 법신·보신·화신)과 사지(四智, 부처님의 4가지 지혜로 대원경지·평등성지·묘관찰지·성소작지)가 본체 가운데 원만히 갖추어져 있고, 팔해탈(八解脫, 번뇌의 속박에서 벗어나는 8가지 선정)과 육신통(六神通, 천안통·천이통·신족통·타심통·숙명통·누진통)은 마음 땅(心地)에 새겨져 있다"라고 하셨으니, 이것은 진심의 본체 속에 성품의 공덕이 갖추어져 있다는 것을 뜻한다.

옛 송(頌)에서 이르시되,

"만약 사람이 한순간이라도 고요히 앉아 있으면, 그것은 갠지스강의 모래알 수만큼 칠보탑을 세우는 것보다 낫다. 칠보탑은 필경 티끌이 되지만, 한순간 맑은 마음은 정각을 이루리라"라고 하셨다.

그러므로 무심의 공부가 유심의 공부보다 큰 것임을 알아야 한다.

或曰, 有心修因, 不疑功德矣. 無心修因, 功德何來?

曰, 有心修因, 得有爲果, 無心爲因, 顯性功德,

此諸功德, 本來自具, 妄覆不顯, 今旣妄除, 功德現前.

故永嘉云:"三身四智, 體中圓, 八解六通, 心地印"

乃是體中自具性功德也.

古頌:"若人靜坐一須臾, 勝造恒沙七寶塔, 寶塔畢竟化爲塵, 一念淨心成正覺"

故知, 無心功, 大於有心也.

⋯

—— 앞의 장까지는 주로 진심을 드러내고 보는 방법과 과정을 설명했다면, 여기서는 진심을 드러내서 보았을 때 생겨나는 이로운 결과나 공덕을 이야기한다.

—— 질문에서부터 유심(有心)과 무심(無心)이 대비되었다. 유심은 의도적으로 '생겨나고 일어나는' 마음이다. 무심(無心)은 '일어남이 없는' 본래 그대로 있던 마음(本性)이다. 유심은 '내'가 있어 나의 기준과 방법과 목표가 깃든 마음이다. 무심은 '내'가 없어 어떤 분별이나 의도와 목표가 없는 마음이다.

유심이 파도라면 무심은 바닷물이다. 바람이 불어 바닷물이 움직이면 파도가 되듯이, 무명이 마음을 움직이면 무심이 유심으로 변한다. 파도와 바닷물은 습기를 공유하고 있어 다른 것이 아니듯이, 유심과 무심도 마음의 바탕을 공유하고 있는 것이기에 근본에서는 동일하다.

—— 유심과 무심을 구분한 질문자는 일단 상식적으로 보았다. 유심이란 일어나고 생겨나는 마음이 있고 기준과 방법과 목표를 가진 '내'가 있기에, 그런 유심으로 인(因)을 닦으면 분명 실제적 공덕이 있을 것이라 믿는다. 반면 무심이란 일어난 마음도 없고 분별하고 의도하여 목표를 설정하는 '나'도 없기에 과연 공덕은 있을지, 공덕이 있다면

도대체 어떤 과정을 거쳐 생겨나는지 물었다.

── 이에 관한 정언 선사의 답변은 명료하다. '유심으로 인을 닦으면 유위의 과보(有爲果)를 얻고, 무심으로 인을 닦으면 성공덕(性功德)이 드러난다'는 것이다. 유위의 과보는 현상으로 지각되어 포착되는 과보이다. 그래서 분명한 한계가 있는 것이다. 성공덕은 성품의 공덕으로서, 참되고 청정한 무분별지의 공덕이다. 성공덕은 깨달은 사람이 보이는 가장 두드러진 특징이지만, 사람이 본래부터 갖추고 있는 것이다. 다만 망심이 덮고 있기에 드러나지 못하고 있었던 것이다.

── 영가 대사의 『증도가』를 인용하여 성공덕의 무량 공능(功能)을 더 부각했다. 한 의미 단위를 이루는 부분을 모두 옮기면 다음과 같다.

> 궁색한 부처님 제자 입으로는 가난하다 말하나
> 실로 몸은 가난해도 도는 가난하지 않다네.
> 가난하여 몸에 언제나 누더기 옷 걸쳐도
> 도를 얻어 마음에 무가보(無價寶, 값 매길 수 없는 보물)를 감추었네.
> 무가보는 아무리 써도 다함이 없나니
> 어느 때나 중생을 이롭게 하면서 끝내 인색하지 않지.
> 삼신(三身) 사지(四智)가 본체 가운데 원만히 갖추어져 있고
> 팔해탈(八解脫)과 육신통(六神通)은 마음 땅(心地)에 새겨져 있네.
> 窮釋子口稱貧 實是身貧道不貧.

貧則身常披縷褐 道則心藏無價珍.

無價珍用無盡 利物應時終不悋.

三身四智體中圓 八解六通心地印.

몸은 가난해도 도는 가난하지 않으니, 도를 얻은 마음에는 값을 매길 수 없는 보물이 간직되어 있는 셈이다. 중생을 위해서 어느 때나 그 보물을 쓰는데, 아무리 써도 모자라지 않는다. 이렇게 무진장한 마음 속 무가보는 다름 아닌 삼신, 사지, 팔해탈, 육신통이다. 이것이야말로 무심을 인으로 하여 드러난 성공덕인 것이다.

── 삼신(三身) : 법신, 보신, 화신

팔해(八解) : 팔해탈(八解脫). 번뇌의 속박에서 벗어나는 8가지 선정

① 내유색상관외색해탈(內有色想觀外色解脫) : 색상(色相)에 있는 빛깔이나 모양에 대한 번뇌의 속박을 버리기 위해 바깥 대상의 빛깔이나 모양에 대하여 부정관(不淨觀)을 닦는 것이다.

② 내무색상관외색해탈(內無色想觀外色解脫) : 색상(色相)에 대한 번뇌의 속박은 사라졌지만, 그 상태를 유지하기 위하여 부정관(不淨觀)을 계속하여 닦는 것이다.

③ 정해탈신작증구족주(淨解脫身作證具足住) : 부정관(不淨觀)을 떨쳐버리고, 바깥 대상의 빛깔이나 모양에 대하여 청정한 경계를 대할지라도 탐심이 일어나지 않고, 그 상태를 몸으로 완전히 체득하여 안

주하는 것이다.

④ 공무변처해탈(空無邊處解脫) : 색상(色相)에 대한 번뇌를 완전히 버리고, 허공은 무한하다고 주시하는 선정이다.

⑤ 식무변처해탈(識無邊處解脫) : 허공은 무한하다고 주시하는 선정을 버리고, 마음의 작용은 무한하다고 주시하는 선정이다.

⑥ 무소유처해탈(無所有處解脫) : 마음의 작용은 무한하다고 주시하는 선정을 버리고, 존재하는 것은 없다고 주시하는 선정이다.

⑦ 비상비비상처해탈(非想非非想處解脫) : 존재하는 것은 없다고 주시하는 선정을 버리고, 생각이 있는 것도 아니고 생각이 없는 것도 아닌 선정이다.

⑧ 멸수상정해탈(滅受想定解脫) : 모든 마음 작용이 소멸된 선정이다.

사지(四智) : 유식(唯識) 불교에서 설명하는 4가지 수승한 지혜

① 대원경지(大圓鏡智) : 큰 거울에 만물이 비치듯이 모든 진리의 모습을 보여주는 지혜. 아뢰야식이 전변한 것이다.

② 평등성지(平等性智) : 모든 존재는 본래 평등하다고 깨닫는 지혜. 제7말나식이 전변한 것이다.

③ 묘관찰지(妙觀察智) : 모든 존재에 대해 장애가 없이 관찰하는 지혜. 제6식이 전변한 것이다.

④ 성소작지(成所作智) : 안, 이, 비, 설, 신, 오근(五根)에 의한 삶의 경험에서 생긴 지혜. 전5식이 전변한 것이다.

육통(六通) : 6가지 신통

① 천안통(天眼通) : 인간의 시야를 벗어난 곳이나 미래 일까지 아는 신통

② 천이통(天耳通) : 모든 소리를 듣고 그 뜻까지 아는 신통

③ 신족통(神足通) : 어느 장소로나 마음대로 갈 수 있는 신통

④ 타심통(他心通) : 남의 마음을 다 꿰뚫어 아는 신통

⑤ 숙명통(宿命通) : 자기와 타인의 전생과 과거를 알 수 있는 신통

⑥ 누진통(漏盡通) : 모든 번뇌를 끊을 수 있는 신통

참으로 신기하고
신기하도다

홍주(洪州)의 수료 화상(水潦和尙)이 마조(馬祖) 스님을 참문하여, "어떤 것이 (달마가) 서쪽에서 오신 분명한 뜻입니까?"라고 물었다가 마조 스님에게 한번 걷어차여 거꾸러졌다가 홀연 깨닫고는 벌떡 일어나 손뼉을 치고 크게 웃으며 말했다.
"참으로 신기하고 신기하도다! 백천(百千) 삼매와 한량없이 오묘한 이치를 오직 한 털끝 위에서 그 근본까지 일시에 다 깨달았구나!"
이렇게 말하고는 예배를 올리고 물러갔다.
이를 근거로 하면 공덕은 밖에서 오는 것이 아니라 본래 스스로에게 다 갖추어져 있는 것이다.
사조(四祖) 스님이 나융(懶融) 선사에게 이르기를,
"무릇 백천 법문이 모두 마음으로 귀결되고, 갠지스강의 모래알같이 많은 공덕도 다 마음에 그 근원이 있다. 일체 계율과 선정과 지혜로 들어가는 문과 신통 변화도 다 스스로에게 갖추어져 있어 그대 마음을 떠나 있지 않다"라고 하셨다.

이런 조사의 말씀에 의하건대 무심의 공덕이 참으로 많지만, 다만 겉으로 드러나는 모양의 공덕(事相功德)만 좋아하는 사람들이 (무심의 공덕을) 믿지 않을 따름이다.

洪州水潦和尙, 糸馬祖問:"如何是西來的的意?" 被馬祖一踏踏到, 忽然發悟, 起來撫掌大笑云:"也大奇也, 大奇, 百千三昧無量妙義, 只向一毛頭上, 便一時識得根源去"

乃作禮而退.

據此則, 功德不從外來, 本自具足也.

四祖謂懶融禪師曰:"夫百千法門, 同歸方寸, 河沙功德, 總在心源, 一切戒門定門慧門, 神通變化, 悉自具足, 不離汝心"

據祖師語, 無心功德甚多, 但好事相功德者, 於無心功德, 自不生信耳.

─── 수료는 달마가 동쪽 중국으로 온 뜻이 무엇인가 진지하게 여쭈었지만, 마조는 친절한 설명 대신 수료를 걷어차버렸다. 수료가 그 순간 그 자리에서 깨닫고서 말했다.

"참으로 신기하고 신기하도다! 백천 삼매와 한량없이 오묘한 이치를 오직 한 털끝 위에서 그 근본까지 일시에 다 깨달았구나!"

이렇게 마조가 아무 말도 없이 그냥 걷어차기만 한 것은 제자로 하여금 자기 진심을 바로 보도록 하기 위해서였다.

─── 선가에서 스승은 친절한 대화를 이끌어가거나 조곤조곤 설명을 해주어 제자를 깨달음으로 이끌 수 있다. 무자(無字) 화두의 출발이 된 조주(趙州)가 대체로 그러했다고 전해진다. 그런데 조주의 그런 면은 빈정댐의 대상이 되기도 했다. 선가에서는 긴말을 들려주기보다 맥락에 닿지 않는 충격적인 말 한 마디로 제자의 깨달음을 이끌어준 경우가 많았다. 마음이 아프다는 혜가를 향해 달마가 내뱉은 "마음을 갖고 오너라"라는 말이나, "불교가 무엇입니까?"라는 질문에 대해서 "똥 막대기"라고 하거나 "뜰 앞의 잣나무"라고 한 답변 등이다.

아무래도 말이 알음알이를 불러일으킬진대 스승은 그런 말보다는 기발한 행동을 더 유용하게 구사했다. 그런 행동이야말로 진심을 바로 가리킨다. '악!' 하고 고함을 치는 할(喝)이나 잘못도 없는데 몽둥이질을 하는 방(棒) 등이다. 임제의 할과 덕산의 방이 유명하다. 준비된 제자는 그 순간 진심을 바로 볼 수 있다.

── 속성이 주씨(周氏)인 덕산(德山)은 『금강경』 교학에서 최고 경지를 보여 '주금강(周金剛)'으로 통했다. 남방의 선지식들이 교학 없는 참선 공부로 견성성불을 이끈다는 말을 듣고 그들의 기를 꺾기 위해 남방으로 내려갔다. 덕산은 "어느 마음에다가 점심(點心)을 합니까?"라는 떡장수 노파의 말에 말문이 막혀버리자 용담숭신((龍潭崇信)을 참알하여 배움을 청했다. 어느 늦은 밤 방장실을 나오는데 칠흑같이 어두운지라 용담이 지촉(紙燭)에 불을 붙여 건넸다. 덕산이 지촉을 받으려 손을 내미는 순간, 용담은 '훅' 불어 불을 꺼버렸다. 다시 암흑이 된 그 순간 덕산이 깨달았다.

이렇게 뜻밖의 순간 엉뚱한 행동을 계기로 하여 깨달음이 이루어진다. 그것은 수행자의 마음에 모든 것이 이미 갖추어져 있기 때문에 가능한 것이다.

── 정언 선사는 유사한 수많은 깨달음의 서사 중에서 수료와 마조의 일화를 선택하여 제시했다. 그것을 근거로 하여 공덕은 밖에서 오는 것이 아니라 본래 스스로에게 다 갖추어져 있다고 가르쳤다. 진심의 본체 속에 성품의 공덕, 즉 무심공덕(無心功德)이 다 갖추어져 있다는 것이다.

―― 이렇게 마음에 본래 갖추어져 있던 무심공덕이 발현된 것으로서 지금까지 제시된 것은 다음과 같다.

① 일체의 법문

② 삼학(三學)

③ 삼신(三身)

④ 팔해탈(八解脫)

⑤ 사지(四智)

⑥ 육신통(六神通)

⑦ 정각(正覺)

• 마조(馬祖): 마조도일(馬祖道一, 709~788). 당의 선승이다. 남악회양(南嶽懷讓, 677~744)의 법을 이었다. '평상심이 도다(平常心是道)' 혹은 '마음이 곧 부처다(卽心是佛)'를 표방했다.

• 수료 화상(水潦和尙): 마조(馬祖)의 제자이다.

• 사조(四祖): 선종 제4조 도신(道信, 580~651). 제3조 승찬(僧璨)의 법을 이었다. 일행삼매(一行三昧, 각자가 본래 갖추고 있는 청정한 본성을 주시하는 삼매)와 수일불이(守一不移, 마음으로 하나를 지키며 움직이지 않는 수행)를 주창했다.

• 나융(懶融): 우두법융(牛頭法融, 594~657). 제4조 도신으로부터 법을 받았다. 우두종(牛頭宗)의 제1조이다.

제13장

진심 공부의 점검
眞心驗功

채찍과 고삐를
놓으며

문 — 진심이 나타났을 때 그 진심이 성숙하고 걸림이 없는 것인지 어떻게 압니까?

답 — 도를 배우는 사람에게 진심이 이미 나타났더라도 습기(習氣)를 제거하지 못했다면, (이전에) 익숙했던 경계를 만나면 실념(失念, 정념을 잃음)할 수가 있다.

소를 칠 때, 비록 소를 끌고 따라오게 하는 경지에 이르렀다 하더라도, 아직은 채찍과 고삐를 놓지 못하고 더 기다리다가, 마음이 조화로워지고 걸음이 온순해져서 혹 곡식밭에 들어가더라도 곡식을 해치지 않게 되어서야 비로소 손을 놓는 것과 같다. 이런 경지에 이르면 목동이 채찍을 쓰지 않아도 (소가) 자연히 곡식을 상하게 하지 않게 된다.

그처럼 도인이 진심을 얻은 뒤에도 먼저 공을 들여 잘 보호하고 길러, 큰 힘을 쓸 수 있게 되었을 때, 비로소 중생을 이롭게 할 수 있는 것이다.

或曰, 眞心現前, 如何知, 是眞心成熟無礙也?

曰, 學道之人, 已得眞心現前時, 但習氣未除, 若遇熟境, 有時失念, 如牧牛, 雖調到牽拽隨順處, 猶不敢放了鞭繩, 直待心調步穩, 赶趁入苗稼中, 不傷苗稼, 方敢撒手也. 到此地步, 便不用牧童鞭繩, 自然無傷苗稼, 如道人得眞心後, 先且用功保養, 有大力用, 方可利生.

⎯⎯ 나타난 진심을 본 뒤로 '과연 이것이 진짜인가?', '성숙하여 걸림이 없는 경지의 것인가?' 등을 점검하는 방법을 묻고 답했다. 이 점검은 매우 중요한 것인데, 이에 소홀하면 가짜 도인이 된다.

⎯⎯ 정언 선사는 진심을 보아 깨달은 뒤에도 '습기를 완전히 제거'해야 함을 강조했다. 습기가 완전히 제거되지 않았다면, 이전에 익숙했던 경계를 만나면 정념을 잃고 도로 아미타불이 되는 것이다. 도인을 자처하는 사람들에게서 우리가 실망하게 되는 상황과 비슷하다.

⎯⎯ 습기(習氣)란 번뇌에 의해 형성된 습관이나 버릇이다. 습기는 '나는 있다'라는 착각과 집착에 의해 만들어진 경험, 인식, 행위 등이다. 그것이 아뢰야식에 저장되어 있다가 일상생활 중 내가 어떤 경계에 부딪히면 발현되어 나의 현재와 미래의 경험, 인식, 행위 등에 깊은 영향을 끼친다.

4가지로 분류되어 '사종습기(四種習氣)'라고 불리는데, 모두 아뢰야식에 저장된 것이라 한다.

① 명언습기(名言習氣) : 나의 과거 언어 작용이 저장된 것이다.

② 이숙습기(異熟習氣) : 원인(原因)과 다른 성질로 성숙되어 다른 결과를 초래하는 잠재력이 저장된 것이다.

③ 등류습기(等流習氣) : 원인과 동일한 성질로 성숙되어 동일한 결과를 초래하는 잠재력으로 저장된 것이다.
④ 아집습기(我執習氣) : 내가 있다는 착각에서 비롯한 아상(我相)이 저장된 것이다.

—— 이 습기를 제거하는 것과 점수(漸修)의 관련성에 대해 지눌 선사께서 생생한 가르침을 주셨다.

> 점수라 하는 것은 비록 자신의 본성(본래 성품)이 부처님과 다르지 않다는 것을 깨달았으나, 시작 없는 과거로부터 오랜 세월 동안 익혀온 습기는 졸지에 없애기 어려우므로 그 깨달음에 의지해서 닦아가면서 (漸修) 점점 훈습(薰習)하여 공을 이루는 것이다. 성인의 태아(聖胎)를 잘 길러 그 배양하는 것이 오래된 뒤에야 진정한 성인이 될 수 있는 법이다. 그러므로 이것을 점수라고 말한다.
> 비유컨대, 어린아이가 처음 태어나는 날 육근(六根)을 갖춘 것이 어른과 조금도 다르지 않지만, 그 힘이 충분하지 못하여 세월이 제법 지난 뒤에야 비로소 어른이 되는 것과 같으니라.
> —『수심결』

—— 지눌 선사께서 습기의 문제를 어린아이가 태어나고 성인이 되는 것에 비유했다면, 정언 선사는 목동이 소를 치는 것에 비유했다. 소를 끌고서 따라오게 하는 경지에 이른 것은 진심을 본 것을 가리킨다.

아직은 채찍과 고삐를 놓지 못하는 것은 옛날 익숙한 경계에 맞닥뜨렸을 때 정념을 잃고 흔들릴 여지가 있기 때문이다. 습기가 아직 남은 듯하니 습기 제거에 정성을 다해야 할 것이다. 마침내 마음이 조화로워지고 걸음이 온순해져서 혹 곡식밭에 들어가더라도 곡식을 해치지 않게 되는 것은, 습기를 완전히 제거해서 어떤 경계를 만나더라도 이 기심으로 흔들리지 않고 여여하게 살아가는 것에 해당한다.

습기를 완전히 제거했다는 것은 이제 '아상'을 철저히 내려놓았다는 뜻이다. '나'라는 착각이 사라졌으니 일체중생과 '나'의 구분도 없어졌다. 뭇 중생이 나인 것처럼 조건 없는 자비를 베풀어 중생 제도를 완성하게 되는 것이다.

── 도인이 진심을 얻은 뒤에도 먼저 공을 들여 잘 보호하고 길러, 큰 힘을 쓸 수 있게(有大力用) 되었을 때, 비로소 중생을 이롭게 할 수 있는 것이다 : 진심을 얻은 뒤에 그것을 잘 보호하고 기른다는 것은, 진심이 습기에 의해 다시 뒤덮이거나 흔들리지 않도록 보호한다는 뜻이다. 그러면 중생 제도에서 큰 힘을 쓸 수 있게 된다. 내가 부처로 살아가는 것이다.

그래도 미워하고 사랑하는 마음이
일어나지 않는다면

만약 이 진심을 점검하려 한다면, 먼저 평생 미워하고 사랑하던 경계가 눈앞에 펼쳐졌다고 때때로 상상해보라. 그래서 미워하거나 사랑하는 마음이 전처럼 일어난다면 아직 '도의 마음(道心)'이 무르익지 않은 것이다. 만약 미워하거나 사랑하는 마음이 일어나지 않는다면 '도의 마음'이 익은 것이다.

그러나 그처럼 (도의 마음이) 성숙했다 하더라도, 여전히 미워하고 사랑하는 마음이 자연스레 일어나지 않은 것은 아닐 수 있다. 다시 마음을 점검하되, 미워하고 사랑하는 경계를 실제로 만났을 때 특별히 미워하고 사랑하는 마음을 일으켜서 미워하고 사랑하는 경계를 취하게 해보라. 그래도 (미워하고 사랑하는) 마음이 일어나지 않는다면, 그 마음은 걸림이 없게 된 것이다. 마치 흰 소(白牛, 착한 소·탐진치 없는 마음)가 노지(露地)에서도 곡식을 해치지 않는 것과 같다.

옛날 부처를 꾸짖고 조사를 나무라는 사람들은 이런 마음과 통했던 것이다.

그런데 요즘 보면 막 종문(宗門)에 들어와 도의 멀고 가까운 것도 모르면서 문득 부처를 꾸짖고 조사를 꾸짖는 것만 배우는데, 그런 사람은 너무 조급하게 꾀를 부리는 것이다.

若驗此眞心時, 先將平生所愛底境, 時時想在面前, 如依前起憎愛心, 則道心未熟, 若不生憎愛心, 是道心熟也.
雖然如此成熟, 猶未是自然不起憎愛. 又再驗心, 若遇憎愛境時, 特然起憎愛心, 令取憎愛境界, 若心不起, 是心無礙, 如露地白牛, 不傷苗稼也.
古有呵佛罵祖者, 是與此心相應.
令見纔入宗門, 未知, 道之遠近, 便學, 呵佛罵祖者, 太早計也.

─── 앞에서 진심이 완전히 성숙했는지를 살피는 방법을 공부했다. 습기를 철저히 제거해야 진심은 성숙하니, 습기를 없애는 수행이 중요하다. 습기가 완전히 제거되지 않으면, 이전에 익숙했던 경계를 만날 때마다 정념(正念)을 놓치고 마음이 흐트러질 가능성이 크다. '이전에 익숙했던 경계를 만나는 것'은 진심의 성숙과 미성숙을 살피는 좋은 기회다.

여기서는 그 점검을 더 철저히 하기 위해 '사랑하고 미워하는 경계'와 '사랑하고 미워하는 마음'에 초점을 맞추었다.

─── 어느 정도 진심을 회복했다면 대체로 평온한 마음 상태를 유지하게 된다. 그러나 특별한 상황에 부닥치면 흔들리는 경우가 흔하다. 마음이 흔들릴 가능성이 가장 큰 경우를 만들어서 점검한다. 우선 '평생 미워하고 사랑하던 상황'이 눈앞에 펼쳐졌다고 상상한다. 그럴 때 두 가지 경우가 생긴다.

① 미워하거나 사랑하는 마음이 전처럼 일어난다.
② 미워하거나 사랑하는 마음이 전처럼 일어나지 않는다.

①의 경우는 아직 도의 마음이 무르익지 않은 증거다. ②의 경우는 도의 마음이 성숙한 증거다.

──── 더 나아가 그런 마음 상태가 애를 써서 의도적으로 만들어졌는가 아니면 자연스럽게 이루어졌는가 따져봐야 한다. 애를 써야 그런 마음이 만들어진다면, 상황이 조금만 바뀌어도 미워하거나 사랑하는 마음이 일어난다. 자연스럽게 그런 마음이 이루어진다면, 다른 어떤 열악한 상황에 처하더라도 미워하거나 사랑하는 마음은 일어나지 않을 것이다.

　이와 같이 더 심화된 점검을 위해서는 어떤 경계를 상상하는 것이 아니라 실제로 직접 맞닥뜨려보아야 한다. 미워하고 사랑하던 대상을 직접 만나, 특별히 미워하고 사랑하는 마음을 일으켜보고, 미워하고 사랑하는 대상을 취해보는 것이다. 그래도 미워하고 사랑하는 마음이 전혀 일어나지 않는다면, 그제야 마음에 '걸림'이 없게 되었다고 인정할 수 있다.

──── 옛날에 부처를 꾸짖고 조사를 나무라는(呵佛罵祖) 도인들이 있었다. 덕산이 맨 먼저 그랬다 하여 '덕산가불매조(德山呵佛罵祖)'라 일컫는다. 그런 꾸짖음과 나무람이 가능했던 것은 그 도인들이 마음에 아무 걸림이 없는 경지에 이르렀기 때문이다. 그런 마음의 경지라면 밖으로부터의 그 어떤 가르침도 무의미하고 소용없는 것이 된다. 부처님의 가르침이나 조사의 지도도 '긁어 부스럼 만드는 것'일 따름이니, 부처님과 조사가 꾸중을 들어 마땅하다.

　그런데 정언 선사 당대의 수행자들 중에는 진심이 성숙하지도 못하고 마음에 걸림을 다 풀지 못했으면서도 옛 도인들의 흉내만 내는 경우가 있었으니 선사는 이들을 꾸짖었다. 우리 시대에 여전히 유효한 꾸중이다.

── 도가 어떤 경지에 이르렀을 때 선지식으로부터 점검받을 수 있다. 선지식을 만나지 못하더라도 실망할 필요는 없다. 진심에 대한 점검법을 나 스스로 활용할 수 있다. 어쩌면 이 방법이 더 정확하고 정직한 것일지 모른다. 자기가 진짜 도인인가 아닌가는 자기만이 가장 정확하게 알 수 있을 것이다. 아직 진심이 성숙하지도 않았고 마음의 걸림을 풀지 못했는데도 도인 행세를 한다면 그것은 자기 양심을 속이는 짓이니, 스스로가 가장 정직하게 잘 알 것이다.

제
14
장

진심은 아는 것이 아니다

眞
心
無
知

마음 병이 되는
역경계와 순경계

문 — 진심과 망심이 경계를 대할 때, 진심인지 망심인지를 어떻게 구분합니까?

답 — 망심은 경계를 대할 때 알음알이(知)을 일으켜 안다. 순경계에서는 탐내는 마음을 일으키고, 역경계에서는 성내는 마음을 일으키며, 중간의 경계에서는 어리석은 마음을 일으킨다. 경계를 대하면서 탐욕과 성냄과 어리석음이라는 삼독(三毒)을 일으킨다면, 그것이 망심임을 족히 알 수 있다.

조사(승찬)께서 이르시되,

"역경계(거슬림)와 순경계(순조로움)가 서로 다투게 하면 마음의 병이 된다"라고 하셨다.

그러므로 알라.

옳다느니 그르다느니 하고 대립시키는 것이 망심이다.

或曰, 眞心與妄心, 對境時, 如何辨別眞妄耶?

曰, 妄心, 對境, 有知而知, 於順違境, 起貪嗔心, 又於中容境, 起痴心也. 旣於境上, 起貪嗔痴三毒, 足見, 是妄心也.

祖師云:"逆順相爭, 是爲心病."

故知, 對於可不可者, 是妄心也.

─── 진심과 망심은 대상 경계를 대하는 데서 명확히 구분된다. 우선 망심이 어떻게 대상 경계를 대하는지 설명했다.

대상 경계를 대했을 때 망심은 알음알이를 일으켜 안다(有知而知). 알음알이를 일으킨다는 것은 아는 '내'가 있는 것이다. 아는 내가 있기에, 그 '나'를 기준으로 삼아 대상 경계가 좋거나 싫고, 옳거나 그르다는 분별을 만든다. 좋고 옳다는 분별에 대해서는 탐하는 마음을 내고, 싫거나 그르다는 분별에 대해서는 성내는 마음을 일으킨다.

대상 경계에 초점을 맞출 때도, 순경계에 대해서는 탐하는 마음을 내고, 역경계에 대해서는 성내는 마음을 일으키고, 순경계도 역경계도 아닌 경계에 대해서는 어리석은 마음을 일으킨다. 고로 내가 대상 경계를 대했을 때 탐진치 삼독이 나에게서 일어난다면, 나는 망심을 갖고 있는 게 분명하다.

─── **역경계와 순경계가 서로 다투게 하면 마음의 병이 된다** : 승찬(僧璨, ?~606) 대사의 『신심명(信心銘)』 구절이다. 역경계와 순경계가 서로 다툰다는 것은 역경계와 순경계를 이분법적으로 나눠서 양극단에 둔다는 뜻이다. 현실은 그냥 그대로 아무렇지도 않게 우리 앞에 주어져 있다. 그것을 우리는 둘로 쪼개어, 나의 기대와 철저히 어긋나는 역경계와 나의 기대를 완벽하게 충족시키는 순경계로 나눈다. 역경계

를 상대해서는 고통을 겪고, 순경계를 상대해서는 탐욕을 겪는다. 그런 점에서 순경계의 경험이 역경계의 고통을 위로하거나 보완하지 못한다. 도리어 순경계에서조차 우리는 편안함이 아니라 탐욕적 들뜸을 경험한다. 그런 점에서 역경계에서도 고통스럽고 순경계에서도 편안하지 못하다. 현실을 역경계와 순경계로 양분하는 한, 우리는 결코 행복해질 수 없는 것이다. 역경계와 순경계가 서로 다투는 것이 마음의 병이 되는 이유가 이것이다.

온전한 물결이 곧 물,
온전한 물이 곧 물결

진심은 앎(알음알이)이 없이 알아서, 공평하고 원만히 비추므로 초목과 다르다. 미워하고 사랑하는 마음을 내지 않으므로 망심과 다르다. 경계를 대하여는 텅 비고 밝아서(虛明) 미워하지도 않고 사랑하지도 않으며, 앎이 없이 아는 것(無知而知)이 진심이다.

그러므로 『조론(肇論)』에서 말씀하시기를,

"성인의 마음은 미묘해서 형상이 없다(無相). 쓸수록 더 부지런하므로 없다고도 할 수 없다. 나아가 있는 것이 아니므로(非有故) 알되 앎이 없고[知而無知, 무지(無知)는 영지(靈知)라고도 함], 없는 것이 아니므로(非無故) 앎이 없되 안다(無知而知)"라고 하셨다.*

그러므로 앎이 없이 아는 것이 성인의 마음과 다르다고 할 수 없다.

---

* 『조론』 원문에는 "그러므로 아는 것은 즉 앎이 없는 것이요, 앎이 없는 것은 즉 아는 것이다(是以知卽無知, 無知卽知)"라고 되어 있다.

若眞心者, 無知而知, 平懷圓照故, 異於草木, 不生憎愛故, 異於妄心.
卽對境虛明, 不憎不愛, 無知而知者, 眞心.
故肇論云: "聖心者, 微妙無相, 不可爲有, 用之彌勤, 不可爲無, 乃至非有故, 知而無知, 非無故, 無知而知."
是以, 無知卽知, 無以言異於聖人心也.

─── 앞에서 망심은 순경계와 역경계에서 탐욕과 성냄을 내고, 어느 것도 아닌 데서는 어리석음을 낸다고 했다. 역경계와 순경계가 서로 다투게 되니 망심은 마음의 병을 일으킨다고도 했다.

망심과 달리 진심은 앎이 없이 안다. '앎이 없다'는 것은 '내'가 없기에 일체의 분별이 없는 것이다. 알아도 '내가 안다는 생각'이 전혀 없다. 그래서 공평하고 원만히 비춘다(平懷圓照). 그런 점에서 진심은 가만히 있기만 하는 초목과 다르다. 또 진심은 대상 경계를 대하여 텅 비고 밝아서(虛明) 미워하지도 않고 사랑하지도 않는다. 그런 점에서 진심은 경계에 따라 미워하고 사랑하는 마음을 끝없이 일으키는 망심과도 다르다.

─── 『조론(肇論)』을 인용했다. 앞에서 몇 번 인용된 바 있는 『조론』은 후진(後秦)의 승조가 불교의 핵심 가르침을 요약한 책이다. 「물불천론(物不遷論)」, 「부진공론(不眞空論)」, 「반야무지론(般若無知論)」, 「열반무명론(涅槃無名論)」 등으로 구성되어 있는데, 위에 인용된 부분은 「반야무지론」에 있는 것이다. 정언 선사는 알고(知) 모르는 것(不知)과 있고(有) 없는 것(無)에 대한 『조론』의 설명을 근거로 하여 진심의 성격을 설명한다.

──『조론』이 말하는 '성인의 마음(聖心)'은 진심과 같은 것으로 보아도 좋을 것이다. 『조론』이 설명하는 성인 마음의 특징 중 우선 2가지가 여기서 지적되었다.

① 성인의 마음은 미묘해서 형상이 없다. 쓸수록 더 부지런하므로 없다고 할 수 없다 : 먼저 성인의 마음은 미묘하여 형상이 없으니(微妙無相) 있다(有)고 할 수 없다. '있다고 할 수 없으므로(不可爲有故)' 이름과 가르침이 끊어졌다(名敎絶焉). 즉, 사유할 수 없고 말할 수도 없기에, 이름과 가르침으로 나타내 보일 수 없다. 그런데 성인의 마음은 쓰면 쓸수록 더욱 부지런해지니 없다(無)고도 말할 수 없다. 다시 말해 지혜(智)와 작용(用)이 둘 다 있기에(智用雙存) 없는 것이 아니다(非無). '없다 할 수 없으므로(不可爲無故)' 성인의 지혜는 있는 것이다(故聖智存焉).

② 성인의 마음은 있는 것이 아니므로 알되 앎이 없고, 없는 것이 아니므로 앎이 없되 안다 : 여기서 '아는 것과 앎이 없는 것', '있는 것과 없는 것'을 연결했다. 진심 혹은 지혜의 성품(智性)은 '앎이 있는(有知)' 망심과 다르다. 또 '앎이 없는(無知)' 나무나 돌과도 다르다. 실체(實)가 아니므로 있지 않고(非有), 헛됨(虛)이 아니므로 없지 않다(非無). 허불실조(虛不失照, 텅 비되 비춤을 놓치지 않고) 하고, 조불실허(照不失虛, 비추되 텅 빔을 놓치지 않는다) 하다. 즉, 본체가 텅 비어 없는 것이 아니고(非虛無), 본체의 변하지 않음(不變)이 곧 작용의 인연을 따름(隨緣)이 되니, 있는 것이다. 본체가 곧 작용(體卽用)이기 때문이다. 또 작용 그대로 곧 본체(用卽體)이다. 실체가 있는 것이 아니라(非實有), 인

연을 따르는 것(隨緣)이 곧 변하지 않는 것(不變)이다.

── 아는 것을 말하면서 안다고 하지 않는 것은, 살핌(鑒)을 통하여 아는 것이기 때문이다. 알지 않는다고 하여 알지 않음이 아닌 것은 그 모습(相)을 밝히기 때문이다.

── '아는 것과 앎이 없는 것', '있는 것과 없는 것'은 '살핌을 통함(通鑒)'과 '신령한 앎(靈知)', '형상 밝힘(辨相)' 등 개념을 통하여도 설명된다.

있는 것이 아니므로(非有故) 알되 앎이 없다(知而無知) : '있는 것이 아니므로'란 살핌을 통하므로(通鑒) 있음이 될 수 없음을 뜻한다. 즉, 신령한 앎(靈知)이 곧 앎 없음(無知)이다.

없는 것이 아니므로(非無故) 앎이 없되 안다(無知而知) : '없는 것이 아니므로(非無故)'란 모습을 밝히기에(辨相) 없는 것이 아니라는 뜻이다. 앎 없음의 바탕(無知之體)이란 '본래 스스로 신령하게 밝음(本自靈明)'을 말한다. 이 때문에 없음은 없음이 아닌 것(無非無)이다.

그러므로 아는 것이 곧 앎 없음이고(知卽無知) 앎 없음이 곧 아는 것이다(無知卽知). 완전한 작용이 곧 본체이고(全用是體), 완전한 본체가 곧 작용이니(全體是用), 그것은 마치 온전한 물결이 물이고 온전한 물이 곧 물결인 것과 같다.

자비의 손을
드리우다

또 망심은 있음에서는 있음에 집착하고 없음에서는 없음에 집착하여, 항상 양변(兩邊)에 치우쳐서 중도(中道)를 모른다.
영가 스님이 이르시되,
"망심을 버리고 진리를 취하도다. 취하고 버리는 마음이 교묘한 거짓을 이루네. 공부하는 사람들이 이를 잘 모르고 수행하면, 도적을 자식인 줄 잘못 아는 것이 된다"라고 하셨다.
진실로 진심이라면, 있고 없음에 처하되 있고 없음에 떨어지지 않고 항상 중도에 처한다.
고로 조사(승찬)께서 이르시되,
"반연을 좇아가지도 말고
공(空)이라는 생각에도 머물지 말라.
한결같이 마음을 평탄하게 하면
망심은 저절로 없어진다"라고 하셨다.

또 『조론』에서 말씀하시되,

"그러므로 성인은 있음에 처하되 있음에 집착하지 않고, 없음에 처하되 없음에 집착하지 않는다. 비록 있음과 없음을 취하지 않지만 있음과 없음을 버리지도 않는다.

지혜의 빛을 감추고 속세의 티끌과 함께하며(和光塵勞), 5가지 윤회하는 세계(五趣, 하늘·사람·지옥·아귀·축생 세계)에 두루 다니며, 고요히 갔다가 홀연히 오기도 하며, 담담하여 하는 것이 없으면서도 하지 않는 것도 없다(無爲而無不爲)"라고 하셨다.

이것은 성인이 중생들을 위하여 (자비의) 손을 드리우고 5가지 세계를 왕래하며 중생을 교화함에 있어서, 비록 왕래하여도 왕래하는 상이 없는 것을 설명한 것이다.

망심은 그러하지 않으니 그런 까닭에 진심과 망심은 같지 않다.

又妄心, 在有着有, 在無着無, 常在二邊, 不知中道.

永嘉云: "捨妄心取眞理, 取捨之心, 成巧僞. 學人不了用修行, 深成認賊將爲子"

若是眞心, 居有無而不落有無, 常處中道.

故祖師云: "不逐有緣, 勿住空忍, 一種平懷, 泯然自盡"

肇論云: "是以, 聖人, 處有不有, 居無不無, 雖不取於有無, 然不捨於有無. 所以, 和光塵勞, 周旋五趣, 寂然而往, 忽爾而來, 恬淡無爲, 而無不爲"

此說, 聖人, 垂手爲人, 周旋五趣, 接化衆生, 雖往來而無往來相,

妄心不爾, 故眞心妄心不同也.

―― 중도의 관점에서 진심과 망심을 설명했다. 중도는 있음과 없음, 즐거움과 괴로움, 선함과 악함 등 양변의 중간에 있는 것이 아니다. 중도는 양변을 함께 여의고 초월하면서 통합한다. 중도에서 양변은 하나가 된다. 중도는 어떤 경계에서도 동요되지 않으면서 팔정도(八正道)의 지혜에 부합한다. 온 존재가 다 연기 중도로 존재하기에 중도는 존재를 설명하는 가장 완벽한 논리요 지혜다.

―― 망심은 있음에서는 있음에 집착하고 없음에서는 없음에 집착한다. 이것은 양변에 집착하는 것이니 중도가 아니다. 다른 한편, 있음에 집착하면 안 된다고 하여 있음을 버리기만 하거나, 없음에 집착하면 안 된다고 하여 없음을 버리기만 하는 것도 중도가 아니다.
양변은 조작되고 과장되고 왜곡된 결과이다. 있는 그대로의 세계는 양변으로 나뉘어 있지 않다. 번뇌와 보리, 중생과 부처, 진심과 망심 등도 그 말처럼 나뉘어 있지 않다. 양변은 우리의 삶을 설명하기 위해 편의상 관습적으로 나눈 개념이지, 존재의 실상이 그렇게 나눠지는 것은 아니다. 그러니 양변 중 어느 하나에 집착하는 것은 더 어리석다.
포괄적으로 말하면, 우리가 지어낸 유위법(생사문)과 존재의 실상인 무위법(진여문)이란 것도 양변일 수 있다. 그래서 무위법을 추구한다며 유위법을 버리고 유위법 밖에서 무위법을 추구하는 것은 존재의 실상을 무시하는 것이다. 무위법은 유위법 밖에 있지 않고 유위법 속에 있거나, 유위법 그대로가 무위법이다.

── 이런 취지에서 영가 스님의 『증도가』 구절을 이해해야 할 것이다. 영가 스님은, "망심을 버리고 진리를 취하도다. 취하고 버리는 마음이 교묘한 거짓을 이루네"라 하여 '망심을 버리고 진리를 취하는 것이 양변 중 하나를 추구하는 것이기 때문에 중도에 어긋난다고 꾸짖고 있는 것이다. 이 부분 바로 앞에서 영가 스님은 "있음을 버리고 공에 집착한다면 병이 되기는 마찬가지(棄有着空 病亦然), 마치 물에 빠지지 않으려고 불에 뛰어드는 것과 같도다(還如避溺 而投火)"라 하여 '있음(有)과 공(空)', '물과 불'의 양변을 오가는 것이 '병'이라고 단호히 지적했다.

"반연을 좇아가지도 말고 공(空)이라는 생각에도 머물지 말라"라는 승찬 대사의 『신심명』 구절도 같은 뜻이다. 승찬 대사는 양변 중 어디에도 끌리지 말고 한결같이 마음을 평탄하게 하면 망심이 저절로 사라진다고 했다.

── 『조론』의 구절은 더 적극적으로 중도의 위대함을 설명한다. 성인은 있음에 처하되 있음에 집착하지 않고, 없음에 처하되 없음에 집착하지 않는다. 나아가 있음과 없음을 버리지도 않는다. 이 단계에서 모든 양변의 위대한 통합과 구원이 가능해진다. 그것을 화광동진(和光

同塵), 즉 지혜의 빛을 감추고 속세의 티끌과 함께하는 것이라 했다.

──── 진심을 갖추어 깨달은 성인은 고통의 바다에서 허우적대며 고통스러워하는 중생을 구제하는 것만을 목표로 삼으며 살아간다. 부처와 보살이 그런 성인이다. 성인은 어떤 업도 짓지 않아 생사윤회로부터 해방된 존재다. 그러나 중생은 그 무명업식의 노예가 되어 여전히 육도세계(하늘, 사람, 아수라, 아귀, 축생, 지옥)를 윤회한다. 성인은 그들 중생을 구제하기 위해 그들과 똑같이 윤회하여 그들과 함께 살아가는 것이다.

"성인이 중생들을 위하여 손을 드리우고 5가지 세계를 왕래하며 중생을 교화"한다는 구절이 그 뜻이다. 그런데 이런 일을 할 때조차 진심을 가진 성인은 '비록 왕래하여도 왕래하는 상이 없는' 것이다. 성인을 통해 보인 진심의 이런 실천은 위에서 언급된 망심의 그것과 근본적으로 다르다.

평상심과
평상하지 못한 마음

답 ─ 또 진심은 평상심(平常心)이지만 망심은 평상하지 못한 마음(不平常心)이다.

문 ─ 어떤 것이 평상심(平常心)입니까?
답 ─ 사람은 모두 한 점 신령한 광명(靈明)을 갖추고 있으니, 맑고 고요하기가 허공과 같아 어디에나 두루 있다. 그것을 세속 일에 상대해서는 이성(理性)이라 임시로 이름 붙이고, 행식(行識, 오온의 행과 식)에 상대해서는 진심이라 방편으로 이름 붙인다.
털끝만큼도 분별이 없지만, 인연을 만나면 어둡지 않다. 한 생각도 취하고 버림이 없지만, 접하는 사물마다 두루 하여 어떤 경계에서도 그에 끌려다니거나 놀아나지 않는다. 설사 (마음의) 흐름을 따라 묘함을 얻는다 하더라도, 당처(제자리)를 떠나지 않고 항상 고요하다.
'찾으면 그대는 그것을 볼 수 없다는 것을 알리라' 하는 그것이, 즉 진심이다.

문— 어떤 것이 평상치 못한 마음입니까?
답— 경계에는 성인과 범부, 더러움과 깨끗함, 없어짐(斷)과 항상함(常), 이치(理)와 현실(事), 생겨남과 사라짐, 움직임과 고요함, 가는 것과 오는 것, 아름다움과 추함, 선과 악, 인(因)과 과(果) 등이 있다. 자세히 논하면 천차만별이지만, 10가지 대(對)만을 방금 열거했다. 이 모두가 다 평상하지 못한 경계(不平常境)이다.
마음은 이 평상치 못한 경계를 따라 일어나고, 또 그 평상치 못한 경계를 따라 사라진다. 평상하지 못한 경계의 마음(不平常境心)이란, 앞에서 말한 평상한 진심(平常眞心)과 상대되는 것이기 때문에 평상치 못한 망심(不平常妄心)이라 부른다.
진심은 본래 갖추어져 있어, 평상치 못한 경계를 따라 갖가지 차별을 일으키지 않기 때문에 평상한 진심(平常眞心)이라 부른다.

又眞心乃平常心也. 妄心乃不平常心也.
或曰, 何名平常心也?
曰, 人人, 具有一點靈明, 湛若虛空, 遍一切處. 對俗事, 假名理性, 對行識, 權號眞心.
無分毫分別, 遇緣不昧, 無一念取捨, 觸物皆周, 不逐萬境遷移. 設使隨流, 得妙, 不離當處湛然.
覓卽知, 君不見, 乃眞心也.

或曰, 何名不平常心耶?

曰, 境有聖與凡, 境有染與淨, 境有斷與常, 境有理與事, 境有生與滅, 境有動與靜, 境有去與來, 境有好與醜, 境有善與惡, 境有因與果. 細論則, 萬別千差, 今乃且擧十對, 皆名, 不平常境也.

心隨此不平常境而生, 不平常境而滅,

不平常境心, 對前平常眞心, 所以名, 不平常妄心也.

眞心本具, 不隨不平常境生, 起種種差別, 所以名, 平常眞心也.

∙∙∙

──"진심과 망심이 경계를 대할 때, 진심인지 망심인지를 어떻게 구분합니까?"라는 '제14장 진심은 아는 것이 아니다(眞心無知)'의 질문에 대한 답변이 계속된다. 평상심과 평상하지 못한 마음(不平常心)을 통해 진심과 망심을 설명했다. 평상심 담론은 남전(南泉)과 조주(趙州)의 일화에서 비롯했는데,『조당집(祖堂集)』제18권에 실려 있다.

조주는 남전의 법을 이었다. 조주가 남전에게 물었다.
"어떤 것이 도(道)입니까?"
남전이 말했다.
"평상심이 도다."
"향해 나아갈 수 있습니까?"
"나아가려 하면 어긋나느니라."
"나아가지 않을 때는 어떻게 그것이 도인 줄 압니까?"
"도는 알고 모르는 데 있지 않나니, 안다면 허망한 깨달음이요, 모른다면 무기(無記)이다. 만일 나아가지 않는 도를 참으로 통달하면 마치 허공이 넓은 듯 트인 듯 되리니, 어찌 옳고 그름을 따지겠는가?"
조주가 이 말에 깊은 도를 문득 깨달아 마음이 보름달같이 밝아졌다. 인연에 따르고 성품에 맡기어 인생을 우스꽝스럽게 여기고 괴나리봇짐과 지팡이를 벗 삼아 천하를 두루 돌았다.

──── 이 일화에는 평상심과 도의 관계에 대한 가르침뿐 아니라 도와 앎의 관계에 대한 가르침도 들어 있다. 즉, '도는 알고 모르는 데 있지 않다'라는 유명한 가르침이다. 어떻든 조주는 그 뒤로 '평상심이 도'라는 핵심구로써 가풍을 이루었다. 그리고 누구에게나 '차나 마시게(喫茶去)'라고 말하여서 평상심대로 살아가는 것이 수행의 시작이며 도의 완성이고 실천임을 알렸다.

조주가 어떤 스님에게 물었다.
"여기에 온 적이 있는가?"
스님이 대답했다.
"온 적이 있습니다."
조주가 말했다.
"차나 마시게."
그러고는 다른 스님에게 물었다.
"일찍이 여기에 온 적이 있는가?"
스님이 대답했다.
"온 적이 없습니다."
이에 조주가 말했다.
"차나 마시게."
또 다른 스님에게 물었다.
"여기에 온 적이 있는가?"

스님이 대답했다.

"화상께서는 그것을 물어 무엇 하시렵니까?"

이에 조주가 말했다.

"차나 마시게."

── 중국 사람에게 차를 마시는 행위는 밥 먹는 것과 다름없는 가장 일상적인 행위다. 조주는 수행자가 도를 심각하게 물으면 언제나 '차나 마시게'라고 말하여 일상의 평상심을 환기했다. 도는 일상생활을 떠나 따로 찾는 것이 아니다.

── 그런데 과연 그러한가? 우리가 일상생활을 하면서 갖는 일상의 마음이 그대로 평상심인가? 그래서 그 마음이 도라고 할 수 있는가? 나의 일상적 마음도, 남의 일상적 마음도 도와는 너무나 동떨어져 있는 것이 아닌가? 이런 의문은 극악무도하고 폭력적인 인간을 보고서 '중생이 곧 부처' 혹은 '본래성불'이라는 가르침을 떠올릴 때의 망연자실함이나 회의와 큰 차이가 없다.

── 평상심이 도이고, 중생은 본래 성불해 있다는 가르침은 막행막식하고 방탕하게 살아가는 것을 인정하는 것이 아니다. 배고프면 밥 먹고, 목마르면 물 마시고, 잠 오면 잠을 자는 것은 일상성에 매몰된 몰자각적인 범부 중생의 생활일 때가 많다. 그런 지각과 행동은 철저히 오온(五蘊, 색수상행식·나의 몸과 정신)에 얽매인 것이며, 진심이나 청

정자성과 직결된 것이 아니다.

임운(任運, 자연 그대로에 맡김)이나 임심(任心, 마음대로 함)이라고 해서 방자하고 게으르고 분별하는 삶을 지향하는 것은 아니다. 임운이 아무 수행도 실행하지 않고 그대로 그냥 살아가는 삶의 태도를 권유하는 경우가 있기는 하지만, 그게 모든 사람이 그렇게 살아가라고 가르치는 것은 결코 아님을 명심해야 하지 않을까? 대체로 중생의 일상심은 평상심이 아니기 때문이다.

—— 『원각경』에서는 수행 단계로서 사마타, 삼마발제, 선나를 구분하여 설명한다. 사마타와 삼마발제가 닦아서 추구하는 공용행(功用行)인 반면, 선나는 닦지 않고 이뤄지는 무공용행(無功用行)이다. 무공용행은 닦지 않은 처음부터 그렇게 이뤄져 있는 것을 내세워 강조하는 것이 아니다. 무공용행 전에 공용행이 있고, 공용행의 수행 목표가 무공용행인 선나이기 때문이다.

공용행인 사마타와 삼마발제도 닦기만 하는 것은 아니다. 공용행인 사마타와 삼마발제는 무공용행인 선나를 처음부터 전제하고 시행되어야 한다. 다만 사마타와 삼마발제에서는 '깨닫는 자'가 있지만, 선나에서는 '깨달은 자'가 없다. '내가 있다'는 착오를 일으키지 않고 바로 그 자리를 지키는 것이 진짜 깨달음인 선나이다. 바로 그것이야말로 평상심일 것이다.

—— 수행에서 일념삼매를 이루어 은산 철벽에 들어가면 마음이 담

벼락같이 된다. 본래면목에 아주 가까이 다가간다. 그 담벼락 앞에서 주관과 객관의 구별이 사라진다. 주관과 객관이 없어진 그 자리가 『금강경』에서 말한 응무소주(應無所住)의 자리이다. 나아가 그 자리를 치고 나가 작용하는 것이 이생기심(而生其心)이요 평상심이다. 내가 있다는 전제에서 이기심이 생겼는데, 이 평상심 혹은 무심(無心) 혹은 청정자성의 단계에 이르면 내가 완전히 없어지면서 일상적 작용이 이루어지는 것이다. 이렇게 되면 어떤 차별이나 사량분별심도 완전히 다 없어지고, 조작과 비교도 사라진다. 그제야 평상심이 된다. 마음대로 거침없이 살아도 정비되고 정리되고 정제된 삶이 되니, 일상의 매사가 진실에 부합한다. 이런 평상심으로 살아가는 분이 도인이요 부처님이다. 우리가 그 가까이에 다가가 있다. 정확히는 우리 속에 그분이 계신다.

── 위에서 정언 선사는 평상심이 노력을 통하여 새로 생성된 것이 아니라, 모든 사람에게 다 있는 '신령한 광명(靈明)'이며, 맑고 고요하기가 허공과 같다고 했다. 맑고 고요하기가 허공과 같은 그 마음은 어쩔 수 없이 세속 일을 상대하게 되면서 망심과 섞이게 된다. 그래서 그것들과 구분되기 위해 '이성'이라거나 '진심'이라는 이름이 부여된다. 그렇지만 그 본연의 텅 빈 밝음은 그대로이다. 인연을 만나도 어둡지 않고 대상 경계를 접해도 거기에 이끌려가거나 흔들리지 않는다. 진심은 당처를 떠나지 않고 항상 고요하다.

―― 반면 망심은 평상심이 아니다. 평상하지 못한 마음이다. 정언 선사는 '평상하지 못한 마음(不平常心)'을 설명하기 위해 '평상하지 못한 경계(不平常境)'를 가져왔다. 평상하지 못한 경계는 상대되는 모든 경계이다. 양변의 경계이다. 수많은 양변의 경계 중 여기서는 10개만을 열거했다.

마음은 이 평상하지 못한 경계를 따라 일어나고, 또 그 평상치 못한 경계를 따라 사라진다. 이렇게 평상하지 못한 경계를 따라 일어나고 사라지는 마음이 '평상하지 못한 경계의 마음(不平常境心)'이다. 진심이 '평상한 진심(平常眞心)'이기에 그와 상대되는 망심은 '평상치 못한 망심(不平常妄心)'이다.

인과응보를 설하신
부처님과 진심

문 — 진심은 평상하여 갖가지 다른 원인이 없거늘, 어찌하여 부처님께서는 인과와 선악, 그 응보(應報)를 말씀하셨나요?

답 — 망심은 갖가지 경계를 따라가면서도 그 갖가지 경계를 이해하지 못하여 마침내 갖가지 마음을 일으킨다. 부처님께서는 갖가지 인과의 법을 설하시어 그 갖가지 망심을 다스려 항복시키고자 인과를 세우셨던 것이다.

만약 진심이라면 갖가지 경계를 따라가지 않고 그래서 갖가지 마음을 일으키지 않을 것이다. 그래서 부처님께서도 갖가지 법을 설하지 않으셨을 것이니, 무슨 인과를 세우셨겠는가?

문 — 진심은 평상해서 일어나지 않습니까?

답 — 진심은 때로 베풀고 작용하지만 경계를 좇아 생기는 것이 아니다. 다만 묘한 작용으로 유희하니 인과에 어둡지 않다.

或曰, 眞心平常, 無諸異因, 奈何佛說, 因果善惡報應乎?

曰, 妄心逐種種境, 不了種種境, 遂起種種心, 佛說, 種種因果法, 治伏, 種種妄心, 須立, 因果也.

若此眞心, 不逐種種境, 由是不起種種心, 佛卽, 不說種種法, 何有因果也?

或曰, 眞心平常不生耶?

曰, 眞心有時施用, 非逐境生, 但妙用遊戲, 不昧因果耳.

―― 앞에서 평상심과 관련하여 진심과 망심을 설명했다면, 여기서는 경계 및 인과와 관련하여 진심과 망심을 설명한다. 정언 선사는 망심은 평상심이 아니라 평상하지 못한 마음(不平常心)이라 규정한 뒤, 평상하지 못한 마음은 '평상하지 못한 경계(不平常境)'를 따라 일어나고 사라진다고 설명했다. 반면 진심은 경계에 이끌려 일어나거나 사라지지 않는다는 점에서 '평상한 진심(平常眞心)'이라고 했다.

―― 그런 설명을 전제하여 "진심은 평상하여 갖가지 다른 원인이 없거늘, 어찌하여 부처님께서는 인과와 선악, 그 응보(應報)를 말씀하셨나요?"라는 질문이 이뤄졌다. 즉, 진심은 대상 경계를 초월하니 진심을 생기거나 사라지게 하는 원인이 있을 수 없다. 그래서 인과나 응보도 성립되지 않는다. 그럼에도 불구하고 부처님의 가르침에는 인과, 선악, 응보 등이 등장하니 이해가 안 된다는 질문이다.

―― 정언 선사는 먼저 망심의 경우부터 설명했다. 즉, 망심은 갖가지 경계에 따라 일어나고 사라지면서도 그 경계를 파악하거나 이해하지 못한다. 그런 망심을 일으키는 중생을 위하여 부처님은 인과의 법을 설하셨다는 것이다. 인과의 법을 이해하면 인과의 법에 따라 이루어지는 경계도 이해하게 되어 결국 경계에 끌려다니지 않을 수 있기 때

문이다.

―― 망심과 달리 진심은 갖가지 경계를 따라가지 않는다. 비록 진심은 작용하기는 하지만, 경계를 좇아서 작용하는 것이 아니다. 진심의 작용은 '묘한 작용'인 것이다. 진심이 작용할 때는 인과를 따르기도 하지만, 그때 진심은 인과의 법을 완벽하게 이해하고 있다. 그래서 진심을 위해서는 경계에 관철되는 인과의 법을 설해줄 필요가 없는 것이다.

고로 부처님은 진심을 위하여 인과의 법을 설하신 것이 아니다. 오직 망심을 일으키는 중생을 위해서 인과의 법을 설하신 것이다.

제15장

진심이 가는 곳

眞心所往

몸이 죽은 뒤에
진심은 어디에 의탁합니까?

문 ─ 진심을 통달하지 못한 사람은 진심을 모르기 때문에 선악의 인을 짓습니다. 선한 인을 지은 고로 선한 세계에 나고, 악한 인을 지은 고로 악한 세계로 들어갑니다. 이와 같이 업을 따라 생을 받는 이치는 의심할 바 없습니다.

그러나 진심을 통달한 사람은 망령된 생각(妄情)이 모두 없어지고 진심에 계합하여 선악의 인을 짓지 않을 것이니, 신령스러운 이것(진심)은 몸이 죽은 뒤에는 어디에 의탁합니까?

답 ─ 의탁할 곳이 있는 것이 의탁할 곳이 없는 것보다 낫다고 여기는 것은 아닌가? 또 의탁할 곳이 없는 것을, 몰락하여 떠돌아다니는 탕자나 귀신 세계의 주인 없는 외로운 혼과 같이 여겨서, 특별히 이런 질문을 하여, 의탁할 곳이 있기를 추구하는 것이 아닌가?

문 ─ 그렇습니다.

답 — 성품을 깨달으면 그렇지 않다. 일체중생은 깨달음의 본성을 모르기 때문에 망정(妄情)과 애착심을 일으켜 업을 만들고 인으로 삼아 여섯 세계에 태어나 선악의 과보를 받는다. 가령 천상에서 태어날 업을 인으로 지었다면 다만 천상에 태어나는 과보만 받나니, 응당 그 태어날 곳을 제외하고는 딴 곳으로 받아들여지지 못하는 것이다. 여타의 세계도 그와 같아서, 이미 그 업을 따라가기 때문에 제가 마땅히 태어날 곳을 낙으로 삼고, 마땅히 태어나지 않을 곳은 낙이 아니라 여긴다. 마땅히 태어날 곳을 자기가 의탁할 곳이라 여기고, 마땅히 태어나지 않을 곳은 다른 사람이 의탁할 곳이라 여긴다.

그러므로 망령된 생각(妄情)이 있으면 망령된 인이 있고, 망령된 인이 있으면 망령된 과가 있으며, 망령된 과가 있으면 의탁할 곳이 있고, 의탁할 곳이 있으면 너와 내가 나뉘고, 너와 내가 나뉘면 옳은 것과 옳지 못한 것도 존재하게 되는 것이다.

或曰, 未達眞心人, 由迷眞心故, 作善惡因, 由作善因故, 生善道中, 由作惡因故, 入惡道中, 逐業受生, 其理不疑.

若達眞心人, 妄情歇盡, 契證眞心, 無善惡因, 一靈身後, 何所依託耶?

曰, 莫謂有依託者, 勝無依託耶? 又莫將無依託者, 同人間飄零之蕩子, 似鬼趣無主之孤魂, 特爲此問, 求有依託耳?

或曰, 然.

曰, 達性則, 不然也. 一切衆生, 迷覺性故, 妄情愛念, 結業爲因, 生六趣中, 受善惡報, 假如天業爲因, 只得天果, 除合生處, 餘竝不得受用, 諸趣皆爾, 旣從其業故, 合生處爲樂, 不生處爲非樂, 以合生處爲自己依託, 不生處爲他人依託.

所以, 有妄情, 則有妄因, 有妄因, 則有妄果, 有妄果, 則有依託, 有依託, 則分彼此, 分彼此, 則有可不可也.

―― '선인선과(善因善果) 악인악과(惡因惡果)'라는 인과응보(因果應報)는 유위법에 얽매이는 세속 불교의 핵심이라고 할 것이다. 착한 원인을 지으면 그걸 지은 사람이 착한 과보를 받고, 악한 원인을 지으면 그것을 지은 사람이 악한 과보를 받는다는 것은 중생 세상이 꾸려지는 원리일 수 있고, 또 중생의 소망을 반영한 당위론일 수 있다.

질문자는 그런 인과응보를 죽은 뒤의 윤회에까지 적용하여 질문했다. 진심을 모르는 중생은 선악의 인을 짓게 마련이다. 선한 인을 지은 고로 선한 세계에 태어나고, 악한 인을 지은 고로 악한 세계에 태어난다고 하고, 그렇게 자기가 지은 업에 따라 다음 생을 받는 이치를 의심할 바 없다고 보니, 그런 이치에 얽매이지 않을 진심은 죽은 뒤 어떻게 될지 궁금해진 것이다.

―― 윤회가 어떻게 이뤄지는가 하는 것은 차치하더라도, 윤회가 있는가 없는가에 대한 논란이 끊이지 않고 있다. 최근 유명해진 어느 스님이 '윤회는 없다'는 법문을 하고 그것을 담은 동영상을 SNS에 올리면서 윤회에 대한 논쟁이 격렬해진 바 있다. 한쪽이 윤회는 철저히 없다고 주장하면, 다른 쪽은 윤회가 없다고 주장하는 것은 초기 경전에 명백히 설해져 있는 부처님 가르침에 위배되는 것이라고 반격했다.

이런 논쟁에 몰두하다 보면 단견(斷見)과 상견(常見)이라는 이분법의 오류에 깊이 빠지게 된다. 이분법을 벗어나 말한다면, 윤회는 있기도 하고 없기도 하다. 윤회는 있는 것도 아니고 없는 것도 아니다. 무명업식 혹은 망념에 얽매여 있다면, 생사윤회의 사슬에서 벗어나지 못하기에 윤회는 명백히 있다. 불교 공부의 목표는 윤회를 하되 좋은 곳에 태어나려는 것이 아니다. 그 윤회의 사슬에서 벗어나기 위한 것이다. 생사윤회의 사슬에서 벗어난 존재에게 윤회는 없는 것이다. 중생 구제를 위해 수없이 이 세상에 태어나시는 불보살의 원생(願生)은 윤회이되 윤회가 아니다.

―― 정언 선사는 그런 질문자의 의중을 꿰뚫어 보고 있다. 대부분 중생이 그런 생각을 하는 것을 알기 때문이다. 의탁할 곳이 없는 상황을 '몰락하여 떠돌아다니는 탕자'의 상황이나 '귀신 세계의 주인 없는 외로운 혼'의 처지와 같은 것으로 본다는 것이다. 의탁할 곳이 있는 것이 의탁할 곳이 없는 것보다 더 낫다는 상식이다.

―― 일체중생이 여섯 세계 중 어느 한 곳으로 태어나는 윤회를 하는 것은 중생이 망령된 생각과 애착심을 일으키기 때문이다. 망령된 생각과 애착심이 업을 만들고, 업이 인이 되어 선악의 과보를 받은 결과가 윤회라는 것이다.

정언 선사는 '망령된 생각→망령된 인→망령된 과→의탁할 곳'의 순서로 죽은 뒤 의탁할 곳이 생기는 단계를 설명했다. 그런데 혼이 그 의탁할 곳을 얻은 순간 해방되는 것이 아니다. 오히려 의탁할 곳이 생기는 순간 '너와 내'가 나눠진다는 새로운 문제에 당면한다. 의탁할 곳이 무명업식에 근본을 두고 있기에 당연한 결과다. 너와 내가 나눠지는 것은 '내'가 있다는 착각이 더 강해진 탓이다. '내'가 기준이 되어 온갖 분별망상이 시작된다. '옳고 그른 것'이 그걸 대표한다. 그런 점에서 의탁할 곳이 있는 것은 의탁할 곳이 없는 것만 못하다. 그러니 진심이 의탁할 곳이 없을까 걱정할 이유가 없다.

물에도 파도에도
생멸은 없다

이제 진심을 통달한 사람은 생멸이 없는 깨달음의 본성에 계합하여 생멸이 없는 묘한 작용을 일으킨다. 오묘한 본체는 진실되고 항상하여(眞常) 본래 생멸이 없지만, 묘한 작용은 인연을 따르는지라 생멸이 있는 듯하다.

그러나 본체로부터 작용이 생겨나므로 작용이 곧 본체이니 무슨 생멸이 있을 수 있겠는가? 달인(達人, 진심을 깨달은 이)은 진실한 본체를 증득하였으니, 어찌 생멸이 간섭할 수 있겠는가?

마치 물이 습성(濕性, 젖는 성품)을 본체로 삼고, 파도를 작용으로 삼는 것과 같다. 습성은 본래 생멸이 없으니, 파도 속 습성에도 무슨 생멸이 있겠는가?

습성을 떠나서는 파도도 있을 수 없는 까닭에, 파도 역시 생멸이 없다.

今達眞心, 契無生滅之覺性, 起無生滅之妙用. 妙體眞常, 本無生滅, 妙用隨緣, 似有生滅.

然從體生用, 用卽是體, 何生滅之可有? 達人, 卽證眞體, 其生滅何干涉耶?

如水以濕性爲體, 波浪爲用, 濕性元無生滅, 然波中濕性, 何生滅耶?

然波離濕性別無故, 波亦無生滅.

⸺ 본체와 작용의 양면에서 진심의 생멸 여부를 살폈다. 진심의 본체는 '오묘한 본체'이고 진심의 작용은 '묘한 작용'이다. 진심의 오묘한 본체는 진실되고 항상하기에(眞常) 근본적으로 생멸이 없다. 생멸현상을 초월해 있는 것이다.

한편 묘한 작용은 잠시 인연을 따른다. 그래서 묘한 작용은 생멸이 있는 듯하다. 하지만 그 작용도 본체로부터 생겨나는 것이다. 작용이 곧 본체이다. 그래서 작용에 생멸이 있는 듯하지만 사실은 작용에도 생멸은 없다.

⸺ 진심을 통달한 달인(達人)도 생멸이 없는 진심의 본체를 증득했기에, 생멸이 그 삶을 간섭하거나 좌지우지할 수 없다. 달인은 생멸로부터 해방되어 자유자재한다.

⸺ 정언 선사는 시종 진심의 본체뿐 아니라 작용까지도 생멸에서 자유롭다는 국면을 강조한다. 그 점을 물, 습성(濕性), 움직이는 파도의 비유를 들어 밝혔다. 물은 습성을 본체로 삼고, 파도를 작용으로 삼는다. 습성은 물의 본체이기에 생멸이 없다. 물이 작용하여 파도가 된다 하더라도 생멸이 없다는 습성의 본질에 변화가 있을 수 없다. 나아가 파도라는 작용도 물과 습성을 떠날 수 없다. 그런 이유로 파도 역시

생멸이 없는 것이다.

  그렇듯 세상 만유는 그 본체도 작용도 근본적으로 생멸하지 않는다. 생멸한다는 착각에서 벗어나라.

진심이
의탁할 곳

그러므로 옛사람이 이르시되,

"온 대지가 사문(沙門)의 한 쌍 바른 눈(正眼)이며, 온 대지가 하나의 가람이다. 이것이 진리를 깨달은 사람의 안심입명(安心立命, 번뇌 망상을 지우고 생사에서 해방된 영원한 생명을 얻음)할 곳이다"라고 하셨다.

이미 진심을 통달하니 사생(四生, 태생·난생·습생·화생), 육도(六道, 하늘세계·인간계·아수라계·축생계·아귀계·지옥계)가 일시에 소멸하고 산하대지가 모두 진심이 되었다. 그러니 이 진심을 떠나 그밖에 따로 의탁할 곳이 없다.

이미 삼계의 허망한 인이 없어졌으므로 육취[六趣, 여섯 세계(六道)]라는 허망한 과보도 없어졌으니 무슨 의탁할 곳을 말하리오? 또 피차가 따로 없다. 이미 피차가 없으니 무슨 옳고 그름이 있겠는가?

그런즉, 시방세계가 오직 하나의 진심이다. 그걸 온몸으로 수용하니 따로 의탁할 곳이 없다.

또 시현문(示現門, 방편으로 나타내어 보임) 가운데 마음대로 가서 태어난다 하더라도 아무 장애가 없다.

그러므로『전등록(傳燈錄)』에서 말씀하시되,

"온조(溫操) 상서가 규봉(圭峰)에게 물었다.

'진리를 깨달은 사람은 한 생애 수명이 다하면 어느 곳에 의탁합니까?' 규봉이 대답했다.

'일체중생이 신령하고 밝은 깨달음의 성품(覺性)을 갖추어 부처와 다름이 없다. 만약 이 깨달음의 성품이 법신인 줄 깨달으면 본래부터 태어남이 없는 것이니, 무슨 의탁할 것이 있겠는가?

신령스럽고 밝아 어둡지 않고 분명하게 항상 알며, 온 곳도 없고 어디로 갈 곳도 없다. 다만 텅 비고 고요한 것으로 본체를 삼고 색신(色身)을 인정하지 말며, 신령스러운 앎(靈知)을 자기 마음으로 삼고 망념을 인정하지 말라. 만약 망념이 일어나더라도 결코 따라가지 않으면, 죽을 때에도 저절로 업에 얽매이지 않을 것이다. 설사 중음(中陰)이 있다 하더라도 향하는 곳이 자유로워, 천상이나 인간 세계, 어디에나 마음대로 기탁할 것이다"라고 하셨다.

이것이 곧 진심이 몸이 죽은 뒤 가는 바이다.

所以, 古人云: "盡大地, 是沙門一雙正眼, 盡大地, 是箇伽藍, 是悟理人, 安身立命處.

旣達眞心, 四生六道, 一時消殞, 山河大地, 悉是眞心, 不可離此眞心之外, 別有依託處也.

旣無三界妄因, 必無六趣妄果, 妄果旣無, 說甚依託? 必無彼此, 旣無彼此, 則何可不可也?

卽十方世界, 唯一眞心, 全身受用, 無別依託.

又於示現門中, 隨意往生, 而無障碍.

故傳燈云: "溫操尙書問圭峯曰, 悟理之人, 一期壽終, 何所依托? 圭峯曰, 一切衆生, 無不具有, 靈明覺性, 與佛無殊, 若能悟此性, 卽是法身, 本自無生, 何有依託?

靈明不昧, 了了常知, 無所從來, 亦無所去, 但以空寂爲自體, 勿認色身, 以靈知爲自心, 勿認妄念.

妄念若起, 都不隨之, 則臨命終時, 自然業不能繫, 雖有中陰, 所向自由, 天上人間, 隨意寄託"

此卽前眞心, 身後所往者也.

―― 온 대지가 사문의 한 쌍 바른 눈이며, 온 대지가 하나의 가람이다 : 온 대지가 사문의 바른 눈이요 하나의 가람이다. 사문의 '바른 눈'을 사람의 '작은 눈'으로 해석하면, 거대한 천하대지가 내 눈과 다를 바 없는 것이 된다. 작은 눈에 거대한 천하대지가 다 들어온다는 점에서 그러하고, 거대한 천하대지가 그걸 보는 내 마음이 만들어낸 것이란 점에서 그러하다. 그런 점에서 법성게의 "하나 속에 일체 있고 여럿 속에 하나 있어, 하나가 곧 일체요 여럿이 곧 하나다(一中一切多中一, 一卽一切多卽一). 한 작은 티끌 속에 시방세계 머금었고, 온갖 티끌 가운데도 또한 이와 같다(一微塵中含十方 一切塵中亦如是)"의 가르침과 통한다.

―― 다른 한편, '제2장 진심의 다른 이름들(眞心異名)' 편에서 진심의 다른 이름 중 하나가 정안(正眼)이라 했다. 진심이 모든 형상을 환히 다 비추기 때문이다. 그렇다면 '진심=온 대지=하나의 가람'의 등식이 성립한다. 천하대지 태란습화(胎卵濕化) 일체 생명과 무생물이 오직 하나의 진심이다. 모든 분별이 사라진 타성일편(打成一片)이 완성되어 있다. 나의 진심은 '남'에게서 분리된 '내 것'이 아니고, 오직 전체로서의 하나인 진심이다. '나'이기만 한 관점에서 보면 태어난 바가 있고, 그래서 죽어가는 것도 있다. 그 분리된 '내'가 사라져 타성일편이 되니

별다르게 태어나지 않았고 그래서 죽음도 성립하지 않는다. 불생불멸이다.

── **이것이 진리를 깨달은 사람의 안심입명할 곳이다** : 천하대지 우주 만유와 나의 진심이 하나라는 이 진리야말로 진리를 깨달은 사람이나 진리를 깨달으려고 노력하는 사람이 의지해야 할 곳이다. 그러면 생사를 벗어나서 영원히 편안하고 흔들리지 않는 안식을 얻을 것이다.

── 진심을 통달하면 사생[四生, 태란습화(胎卵濕化)]과 육도(六道, 하늘세계·인간계·아수라계·축생계·아귀계·지옥계)가 일시에 소멸한다. 삼계에서의 허망한 인이 없어졌기 때문이다. 허망한 인이 없어졌으므로 허망한 과보인 육도와 사생이 소멸한 것이다.
눈에 보이는 저 산하대지가 모두 진심이고, 이 진심을 떠나 있는 그 어떤 세계도 없다. 진심이 따로 의탁하고자 해도 의탁할 곳이 없다.

── 시현문(示現門)이 있다. 방편으로 보여주는 세계로 들어가는 문이다. 생사윤회로부터 해방된 불보살이 중생 구제의 원(願)을 세워 중생 세계로 다시 태어나는 것이다. 진심을 통달한 분도 그런 원을 세워 다시 태어나기 위해 의탁할 곳을 택하겠지만, 거기에 어떤 어려움이나 장애도 없다.
  이 지점에서 온조 상서가 규봉에게 여쭈었다.

"진리를 깨달은 사람은 한 생애 수명이 다하면 어느 곳에 의탁합니까?"

이에 대한 규봉의 대답은 "일체중생이 신령하고 밝은 깨달음의 성품(覺性)을 갖추어 부처와 다름이 없다", "신령스럽고 밝아 어둡지 않고 분명하게 항상 안다"라는 것이다. 신령하고 밝은 깨달음의 성품을 갖춘 중생도 부처와 다름없이 본래 태어난 적이 없으니 죽음도 없고, 그래서 죽어서 의탁할 곳도 없다. 온 곳이 없으니 갈 곳도 없는 것이다.

한편 깨달은 분은 중생 구제의 원(願)에 따라 향하는 곳이 있다. 그 향하는 곳을 선택하는 데에서도 자유자재한다.

부록

정언 선사와 원봉 거사의 편지

정언 선사의 편지 ❶

얼마나 불편하고 거북했을까요?

원봉 거사,

나는 1185년에 죽었으니 벌써 840년 전의 일이 되었습니다. 환에 지나지 않는 시간인데도 긴긴 세월이 흘러 이리도 경이로운 인연을 맺게 되니 부처님 가피 말고 뭐로 설명을 할 수 있겠습니까?

원봉 거사,

그동안 노고가 많았습니다. 1185년일 때 내 나이보다 훨씬 더 많은 연세인데도, 나의 책 『진심직설』을 새롭게 번역하시고 강설까지 붙여 주셨습니다. 원봉 거사와 나는 전생 어느 시절 보리수 아래에서 함께 수행한 공덕으로 이렇게 다시 만나게 되었을 겁니다. 그때 잠깐 법담을 나눈 적이 있었는데, 선참인 내가 몇 마디 들려드렸던 것을 은혜로 생각하시고 그 보답으로 이런 불사를 이뤄주셨겠지요.

그동안 나의 저서 『진심직설』을 두고서 한국의 많은 수행자와 학자들의 고심과 노고가 컸을 겁니다. 오랫동안 고려국 보조 국사 지눌 선사의 저서로 알려졌고 지금도 그렇게 믿고 있는 분들이 적지 않지만, 눈 밝은 분들이 노력한 결과 '정언(政言)'이란 이름을 『진심직설』에 다시 올려주셨습니다. 그리고 원봉 거사는 그런 업적을 근거로 하여 '정언 선사의 『진심직설』'을 더 정확하게, 더 명료하고 쉽게 번역하고 강설해주셨습니다.

보조 국사 지눌 선사의 입장도 참 묘했을 것입니다. 남의 저서를 자기 저서로 내세우려는 뜻이 결코 없었던 분이셨기에 누군가가 잘못된 부분을 바로잡아주기를 고대하셨을 것입니다. 더욱이 지눌 선사는 『수심결』이나 『간화결의론』과 같은 불교 역사상 최고라고도 할 불서들을 많이 저술하셨기에 『진심직설』이 당신의 저서로 알려지는 것이 참 불편하고 거북하셨을 겁니다. 일부 수행자나 학자도 마찬가지였습니다. 『진심직설』을 읽으면서 지눌 선사를 떠올리기는 했지만, 지눌 선사의 다른 책들에서 만나지 못한 특징들이 자꾸만 나타났기 때문입니다. 그래도 한동안은 애써 그런 특징들조차 지눌 선사의 사상 체계 속에 넣어서 지눌 선사의 가르침으로 설명해왔습니다.

정언 선사의 편지 ❷

나는 이렇게 살았다오

원봉 거사,

나는 왕씨(王氏)로 허주[許州, 지금의 허창(許昌)] 장사(長社)가 고향이랍니다. 9살 때 고향에 있는 자복선원(資福禪院)으로 출가하여 정양(淨良) 선사로부터 구족계를 받았습니다. 거기서 10년 정도 살다가 남경[지금의 개봉(開封)]으로 옮겨가서 호공(浩公)으로부터 『성유식론(成唯識論)』을 배웠습니다. 호공은 나를 매우 높게 보아주시어, 공부를 시작한 지 얼마 되지 않은 나에게 당신이 맡았던 강의를 대신 맡게 하셨지요. 부끄럽게도 그때 내 나이 21살이었습니다. 나는 『성유식론』, 『인명론(因明論)』, 『미륵상생경』, 『대승계(大乘戒)』 등을 강의했는데, 그때 강의한 경전들은 유식학 계통이 많았습니다. 그 내용은 『진심직설』을 저술할 때 큰 도움이 되었고, 그 경전의 구절들을 『진심직설』에다 적잖이 인용하였습니다.

남경에서의 강의는 12년쯤 이어졌는데, 점점 나 자신이 문자와 교학에 매몰된다는 회의가 생겨났습니다. 떡을 먹고 싶은데 떡 그림만 그리고 있다는 생각이 꼬리를 물고 생겨났지요. 당시 중국 사람들 사이에는 고려국 금강산이 절경이라 하여 평생 꼭 그곳을 가보고 싶어 했는데, 금강산을 한 번도 가보지 않은 내가 금강산 풍경을 그럴듯하게 설명하고 있는 형국이었지요. 이번 생을 이렇게 다 보내면 죽을 때 참 허망하겠다는 생각이 들었습니다. 공부의 방법과 태도를 두고 심각하게 고민했습니다. 결단을 내렸습니다. 모든 것을 다 내려두고 부여잡는 손길도 뿌리치고 떠났습니다.

숭산(崇山) 용담사(龍潭寺)로 가서 참선 수행을 시작했습니다. 곧 여주(汝州) 자운봉(紫雲峰)으로 옮겨갔습니다. 그때 근처 향산사(香山寺)에 주석하고 계시던 자조(慈照) 선사가 나를 불러 수좌로 삼으셨지요. 그리고 얼마 뒤 스님은 나의 깨달음을 인가해주셨습니다. 인가를 받기까지 스님과 나 사이의 법거량이 당시 널리 알려져 유명했는데, 그 뒤 녹록잖은 역사 상황은 그것까지 다 망실되게 했습니다.

정언 선사의 편지 ❸

불가사의한 일을 해명 좀 해주오

원봉 거사,

나는 자조 선사로부터 인가를 받고 난 뒤로도 중도(中都) 죽림사(竹林寺)의 광혜통리(廣慧通理) 선사를 비롯한 여러 선지식을 참문했고, 점차 선승으로서 명성을 얻기 시작했지요. 당시 주요한 선종 사찰의 주지를 두루 맡았으니, '오주총림(五主叢林)'이라 지칭된 의안선원(義安禪院), 정주보조선사(鄭州普照禪寺), 하남부(河南府) 법□사(法□寺)*, 담자산(潭柘山) 용천사(龍泉寺) 등입니다.

이 중에서 용천사는 내가 마지막으로 주석한 곳으로, 금나라 황실의 주청으로 세워진 절이지요. 내가 선승으로서 이름을 날리기 시작하면서 금나라 황실도 나를 박대하지는 못하게 되었을 겁니다. 나의 탑명을 지어준 완안조경(完顏祖敬)이 황실의 일원이라는 사실도 그런

---

* 탁본에서 판독하기 어려운 글자는 □으로 표시하였다.

사정을 잘 보여줍니다. 나는 용천사에 머문 지 3년 만에 사바세계를 떠났습니다. 그때 내 곁에는 상좌 법경(法慶), 중정(重靖), 사안(師安), 행수(行修) 등이 있었습니다. 나는 내 상좌들을 정성껏 가르쳤고 그들도 치열하게 수행하여 한 경지를 이루어서 대중에게 두루 알려졌지요. 그런데 그 뒤 불교사는 그들의 이름을 전혀 기억해주지 않고 있으니 어찌 된 까닭일까요?

또 나는 『진심직설』, 『수행십법문』, 『금대록』 등의 책을 저술했는데, 그게 당시 화북 지역 수행자들 사이에 꽤나 알려져 읽혔다오. 그런데 『진심직설』을 제외하고는 완전히 망실되어버렸으니 이 역시 어찌 된 까닭일까요? 살아남은 『진심직설』도 내 이름이 아니라 '고덕선사(古德禪師)' 혹은 '보조지눌' 등의 이름을 걸고서야 겨우 명맥을 이어왔으니 이 역시 참 불가사의한 일인 듯합니다.

원봉 거사,

거사는 지금까지 나의 글을 새로 번역해오면서 금나라와 남송의 관계, 금나라를 이은 원나라 시기 화북과 화남 지역 불교문화의 지형도에 대해서 공부를 많이 하신 걸로 알고 있습니다. 부디 나의 이런 불가사의한 일의 형편과 본질을 좀 밝혀주시기를 고대합니다.

원봉의 편지 ❶ [*]

대선사님의 현실은 이러했습니다

정언 대선사님,

세 번에 걸친 고구정녕한 가르침, 몸 둘 바 모르겠습니다. 지금까지 대선사님의 거룩한 법문을 나름대로 최선을 다해 번역하고 강설까지 붙였지만, 부족하고 잘못된 점 많은 걸 혜량해주시고 질정하여주시옵소서.

이제부터 선사님이 제게 부탁하신 불가사의한 일을 한번 밝혀보고자 합니다.

정언 대선사님,

그 안타까운 진실을 밝혀내기 위해서는 우선 선사님이 일생을 보내셨던 무렵 금나라의 역사를 간략하게나마 살펴보고 그 본질을 잘 파악해야 할 듯합니다. 선사님은 금나라가 중국 화북 지역을 점령하

---

[*] 원봉의 편지 ❶과 ❷는 『전사들의 황금제국 금나라 : 금나라 통치전략 연구』(김인희 편, 동북아역사재단, 2021)에 의거하여 작성됨.

여 통치하던 시기에 그 지역을 벗어나지 않고 일생을 보내셨습니다. 도대체 금나라는 어떤 나라였을까요? 금나라로 약칭되는 대금(大金, 1115~1234)은 여진족 나라입니다. 금 태조 아골타(阿骨打)의 시조가 신라 혹은 고려의 금준(今俊) 혹은 김극수(金克守)라는 설이 있습니다. 선사님을 그렇게 고통스럽게 만든 금나라 황실의 시조가 저의 선조일 수도 있다 생각하니 참 묘한 기분이 들기도 합니다.

어쨌든 아골타가 1115년 황제에 즉위하면서 국호를 '대금'으로 정하고, 도읍을 회령(會寧, 지금의 하얼빈 남쪽)에 두었으니, 그가 곧 태조(太祖, 재위 1113~1123)입니다. 이어 태종(太宗, 재위 1123~1135)은 북송의 요청을 받아들여 거란족 나라 요를 협공하여 멸망시켰습니다. 북송이 '오랑캐' 금을 통해 다른 '오랑캐' 요를 토벌하게 하는 이이제이(以夷制夷) 전략을 구사한 것입니다. 그 전략이 얼핏 적중한 것 같았습니다. 그러나 잔꾀를 부렸던 북송이 오히려 금에게 치명타를 입었습니다. 1127년 금 태종이 북송을 공격한 것입니다. 태종은 북송의 수도 개봉(開封)을 점령하고 휘종(徽宗)과 흠종(欽宗) 두 황제를 사로잡아 돌아갔습니다. 이와 관련되는 이야기는 후대 역사에서 자주 언급되었는데, 저 원봉이 깊이 공부한 우리나라 야담에도 몇 번 등장하지요.

이렇게 여진족이 전투에서 압도적인 위력을 보인 것은 그 전투기법 덕이라 합니다. 여진족은 말을 탄 채로 돌진하며 찌르는 공격기술이 동아시아 여타 전투 세력을 압도했다 합니다.

원봉의 편지 ❷

중원 한족이 자기 땅에서 오랑캐의 종이 되다

금의 공격과 위협을 견디지 못한 북송은 남쪽으로 도망쳐 1130년 임안(臨安, 지금의 항주)에 도읍을 정했으니, 남송 왕조가 시작된 것입니다. 발해와 요나라의 옛 땅은 물론 북송의 영토까지 차지한 금나라는 그 뒤로도 남송 침략을 중단하지 않았습니다. 금은 1141년 남송에게 굴욕적인 평화조약을 이끌어내어 회하(淮河) 이북의 화북 지역을 완전히 장악하게 되었습니다. 금은 여진인들을 화북 지역으로 이주시켜 한족(漢族)을 통솔하고 감시하게 했습니다. 여진인들은 지주가 되었고 한족은 소농이나 종이 되었지요.

1161년 금의 해릉왕은 본격적인 남송 정벌을 단행해서 남송 한족들을 죽이고 포로로 잡아갔습니다. 뒤를 이은 세종은 1164년 남송과 일단 화의를 맺고 국정을 안정시켜갔습니다. 농업과 문화를 번영시켰습니다. 그러나 세종은 한족에 대한 철저한 억압 정책을 구상했습니다. 백성 대부분을 차지했던 한족에게 여진어를 쓰게 하고 여진족 전통의상을 입게 했습니다. 여진 전통과 풍습으로써 한족의 정체성을 말살하려 한 것입니다. 이 원봉의 나라가 1910년부터 36년간 일본 제국주의에 의해 겪어야 했던 고통스럽고 모멸적인 일을 어찌 그리도 이른 시기에 생생하게 보여준 것일까요?

1161년부터 1189년까지 이어진 세종의 통치기는 금나라 전성기였지만, 한족에 대한 차별과 수탈은 극에 이른 것입니다. 이 시기 금나라의 인구는 급격하게 늘어나 어림잡아 4천만 명에 이르렀는데, 그 절대다수는 한족이었고 여진족은 10%에도 미치지 못했다 합니다. 이것이 금의 화북 지역 통치의 결정적 문제점이기도 했습니다.

금이 한족을 억압한 또 다른 방식은 한족을 분리하는 것이었습니다. 옛 거란 지역 한족을 한인(漢人)이라 부르고, 옛 북송 지역 한족은 남인(南人)이라 불러서 분리하고 차별했습니다. '한인'은 오래전부터 이민족의 지배를 받아왔기에 금에 대해서도 적극적으로 저항하지 않았습니다. 반면 옛 북송 지역 '남인'은 금에 대해 매우 저항적인 태도를 보였습니다. 종족적·문화적 자긍심을 내려둘 수 없었기 때문이겠지요. 금 통치자들은 반항적인 남인을 더 잔혹하게 탄압하였습니다.

정언 대선사님께서 입적하신 해는 1184년이나 1185년으로 추정됩니다. 선사님은 금 태종(재위 1123~1135), 희종(재위 1135~1149), 해릉왕(재위 1149~1161), 세종(재위 1161~1189) 통치 기간에 생애를 보내셨습니다. 선사님의 세속 성은 왕씨(王氏)니, 화북 지역 한족임이 분명합니다. 대선사님이 사셨던 시기는 한족에 대한 억압과 수탈이 가장 악랄한 때였습니다.

정언 대선사님,

선사님의 출가는 금 통치기 한족이 겪어야 했던 고난과 무관하지 않다고 저 원봉은 짐작합니다. 특히 금나라가 화북 지역을 완전히 장악한 1130년, 태종은 밀령을 내려 황하와 회하 일대의 한족을 닥치는 대로 사로잡아 관노(官奴)로 삼게 했지요. 관노가 된 한족은 몽골이나 고려 등으로 팔려가기도 했습니다.

선사님이 겪었을 그 고난을 어렴풋하게 떠올리기만 해도 연민과 안타까움을 이기지 못하겠습니다. 그런 형편이 불교 안 사정과 그대로 연결되었으니 그 점이 더 아프고 한스럽습니다.

원봉의 편지 ❸

대혜종고 선사와 정언 대선사님은
이렇게 대조됩니다

    정언 대선사님,

    대선사님은 고통스러운 세속을 떠났지만 잠시도 세속을 떠난 적이 없었습니다. 대선사님은 초심을 잃지 않고 치열하게 공부하시어 큰 선지식들로부터 인가를 받았습니다. 화북 지역 수행자들은 대선사님을 간절히 경모했습니다. 선사님은 상좌를 거듭 배출하셨고 재가 제자도 1천 명을 넘겼다 하지요.

    금 조정도 이런 대선사님을 무시하거나 외면하지 못하여 인정하고 배려한 것 같기도 합니다. 대선사님이 마지막으로 주석한 담자산 용천사는 황실의 일원인 양국대장공주와 조왕(曹王)의 청에 의해 세워진 절입니다. 조왕(曹王)의 둘째 아들인 완안조경(完顏祖敬)은 선사님의 탑명을 지어주기도 했습니다. 그런 점에서 선사님은 금나라 황실로부터도 존경과 지지를 받은 듯합니다. 그럼에도 불구하고 선사님은 화북 지역의 밖, 특히 회하 남쪽 남송 지역의 수행자나 사대부에게는 거의 알려지지 않거나 그들로부터 마땅한 인정을 받지 못했습니다.

이런 선사님의 생애가 문득 화두선을 정립한 대혜종고(大慧宗杲, 1089~1163) 선사를 떠올리게 하는 건 어째서일까요? 대혜종고 선사는 그가 생존했던 남송 시대 이후로 중국에서는 물론 우리나라 일본에서도 널리 알려졌습니다. 특히 그분의 저서인 『서장』은 우리나라 강원뿐 아니라 재가에서도 화두 수행의 지침서로 두루 읽히고 있습니다.

대혜종고 선사는 선주(宣州) 영국현[寧國縣, 현재 안휘성(安徽省) 선국현(宣國縣)] 출신으로, 16세에 출가했습니다. 금나라의 침략은 정언 선사님 못지않게 대혜종고 선사에게도 크나큰 고통을 안겼습니다. 정언 선사님이 화북 지역에 남으신 것과는 달리, 대혜종고 선사는 금에 대한 항전을 위해 남송을 선택하여 남하했습니다. 대혜종고 선사는 남송 사대부 장준(張浚)의 추천으로 능인선원에 주석했는데, 그때 그를 따른 대중이 1천여 명에 이르러, '임제가 다시 나왔다'는 찬미까지 받았다 합니다.

남송 사대부들은 생활과 선 수행을 긴밀하게 연결하는 대혜종고 선사의 가르침을 통해 국난을 극복하는 지혜와 힘을 얻었습니다. 그래서 열렬히 사모했습니다. 『서장』이 40명의 사대부와 2명의 승려가 주고받은 편지로 구성되어 있다는 사실이야말로 당시 사대부들이 대혜종고 선사를 얼마나 드높이 경모하고 그분에게 의존했는지 짐작하게 합니다.

그러나 남송과의 화친을 주장하는 주화파인 진회(秦檜)가 권력을 장악하자, 금에 대한 항전을 계속하자고 주장한 주전파 대혜종고 선사는 기약 없는 귀양길에 올라야 했습니다. 선사의 귀양살이는 53세(1141)에 시작되어 68세(1156) 때 끝이 났습니다. 귀양살이에서 풀려난 대혜종고 선사는 아육왕사, 경산사, 천녕사 등에서 설법했고, 75세(1163)에 경산 명월당에서 입적하셨습니다.

정언 대선사님,

대혜종고 선사는 대선사님보다 20년 먼저 입적했지만, 금의 태종, 희종, 해릉왕, 세종 치세 기간을 대선사님과 함께 사신 셈입니다. 그러나 대혜종고 선사는 대선사님과는 달리, 화두선 주창자로서 남송 사대부와 승려로부터 최고의 추앙을 받았고, 그 명성은 그 뒤 불교사에서 면면히 회자된 것입니다. 그 점이 대선사님과는 너무나 선명하게 대조됩니다. 도대체 그건 어떤 이유에서일까요?

원봉의 편지 ❹

대혜종고, 만송행수, 정언 선사 그리고 북한의 스님들

정언 대선사님,

대선사님은 대혜종고 선사와는 달리, 금의 통치 지역인 화북 지방에 머물며 수행을 이끌었습니다. 서로 전쟁 중인 적대 국가 남송(宋)과 금에서 따로 살아가신 두 분은 부처님 가르침을 공부하고 깨달아 중생을 구제하는 일을 한 치 어긋남 없이 똑같이 실천했습니다.

그런데 대혜종고 선사는 동아시아 불교사에서 최고의 승려로 기억되어 추앙받고 있는 반면, 그 못지않게 수많은 대중으로부터 존경받았고 오늘날까지도 여전히 읽히는 명저를 저술한 대선사님은 잊혔습니다. 이런 대조는 두 분이 벗어날 수 없었던 세속의 역사 상황을 고려해야만 이해될 것입니다.

정언 대선사님은 화북 지역에 남았기에 남하한 남송 사대부와 연결될 수 없었습니다. 중국의 경제와 정치, 종교 등에 대한 역사는 남송 사대부들에 의해 활발하게 기술되어 원(元)과 명(明)으로 계승되었습니다. 남송 사대부들은 대혜종고 선사나 남송 지역의 승려들에 대해서 큰 관심을 갖고 교유했으며 그들에 대한 기록을 풍부하게 남겨주었습니다. 반면 정언 대선사님은 금이 통치하는 화북 지역에 남았기에 남송 사대부에게 외면받았을 뿐 아니라 적대감의 대상이 되기도 했을 것입니다.

남송에 대한 금의 계속된 공격 전쟁을 고려하면, 금에 대한 남송 한족, 특히 남송 사대부의 적대감이 어떠했을지 짐작할 수 있습니다. 금에 대한 남송 사대부의 적대감은 화북 지역에 그대로 남아서 금의 통치를 받아들인 지식인이나 수행자에게도 옮겨갔을 것입니다. 남송의 사대부나 승려에 의해 기술됐을 불교사에서 대선사님이 외면받은 것은 이런 맥락에서 짐작이 갑니다.

이런 점은 이 원봉의 조국이 겪었던 근현대사의 한 편린을 떠올리게 합니다. 우리나라는 1945년 해방과 1950년 한국전쟁을 겪으면서 이념이 완전히 다른 두 체제로 나뉘게 되었습니다. 동족끼리 죽이는 전쟁을 겪으면서 상대에 대한 적대적 감정이 극대화되기도 했지요. 이런 우리나라 형편에서 제가 너무나 궁금한 점이 있습니다. 해방 정국과 남북 분단, 한국전쟁을 겪으면서도 북한 지역에 그대로 머물며 수행에 전념하셨을 스님들과 수행자들에 대한 것입니다. 그 시기 북한 지역 스님들에 대한 기록은 북한이나 남한 어느 쪽 기록에서도 쉽게 찾기 어렵습니다. 그분들은 분명 실존했을 터이지만, 한국 불교 담론의 장에서 그 자취가 사라진 점이 너무나 안타깝습니다.

정언 대선사님,

저는 제 조국이 분단된 상황에서 한 생을 거의 다 마무리해갑니다. 이런 저이기에 정언 대선사님이 겪은 망각과 망실의 상황이 더욱더 안타깝고 한스럽습니다. 그래서 어떤 식으로든 정언 대선사님에 관한 기억을 되살리려고 이렇게 발버둥 치고 있는지도 모르겠습니다.

정언 대선사님,

또 안타까운 일이 있습니다. 대선사님은 금이 멸망하기 전에 입적하셨기에 화북 지역을 다시 점령한 원(元)에서도 대우받기 어려웠다는 사실입니다. 이런 점은 생존 시기가 좀 뒤이긴 하지만 화북 지역에서 주로 활동하신 만송행수(萬松行秀, 1166~1246) 선사와 대조됩니다. 만송행수 선사는 금을 정복하고 중원을 차지한 원 조정에서 예우를 받아 국사가 되었고, 금이 멸망한 뒤 남송 사대부와 긴밀한 관계를 만들기도 했습니다. 그런 좋은 여건에서 수많은 책도 펴냈으니, 『종용록(從容錄)』, 『조등록(祖燈錄)』, 『청익론(請益論)』 등은 오늘날까지 두루 읽히며 저의 서재에도 모두 꽂혀 있을 정도랍니다. 만송행수 선사는 금과 원의 조정, 심지어 남송 사대부들로부터도 인정을 받고 친밀한 관계를 끝까지 유지했으니, 그의 저서들은 대부분 보존되고 전승되고 있으며, 그와 관련된 사연들도 두루 기록되어 빼어난 일화가 되어 여러 문헌 속에 자리 잡고 있는 것이지요.

정언 대선사님은 이런 만송행수 선사와도 너무나 뚜렷이 대조됩니다. 원이 점령한 나라의 문적을 철저히 없앤 사실은, 고려를 침략했을 때 몽골군이 『고려대장경』을 불 질러 없앤 데서도 알 수 있습니다. 원의 침략을 받기 전 금나라는 자체 대장경을 편집해두기도 했지만, 몽골 침략을 겪는 와중에 불교 관련 유적과 문서 중 상당 부분이 망실되었을 가능성이 큽니다. 이 과정에서 정언 대선사님의 존재와 그 저술들도 역사의 뒷면으로 사라졌지 않나 조심스레 추정해봅니다.

안타까운 마음으로 요약해보겠습니다.

화북 지역에 남아 금의 억압과 차별을 받으면서도 도를 이룬 수행승들과 선지식들은 '남송-명'으로 이어지는 한족 정통 역사 서술에서 경시되거나 외면당했던바, 정언 대선사님도 그중 한 분이었을 것입니다. 또 정언 대선사님에 대한 기억의 망실은 원이 화북 지역을 통치하는 과정에서 금의 불교 유산과 유적을 대대적으로 훼손한 역사적 사실과도 관련이 있다고 보입니다.

원봉의 편지 ❺

대선사님의 가르침과 『진심직설』의 생명력에
경배를 올립니다

정언 대선사님,

대선사님이 당면했던 온갖 악조건 속에서 『진심직설』만 살아남았습니다. 남방으로 전파된 『진심직설』이 400여 년 뒤인 1598년(만력 26) 명나라 개원사본(開元寺本) 대장경에 들어간 것입니다. 개원사본 대장경은 현존 대장경 중 가장 오래된 모본을 바탕으로 한 것입니다. 이 대장경은 『진심직설』을 『수심결(修心訣)』과 합본·편집했습니다. 그러면서 『수심결』의 저자는 '고려국보조선사(高麗國普照禪師修心訣)'라고 표기한 반면, 『진심직설』의 저자와 제목은 '고덕선사진심직설(古德禪師眞心直說)'로 표기했습니다. '고덕선사'란 '덕행(德行)이 높은 옛날 선사' 정도의 뜻이 될 것입니다. 『수심결』의 저자가 보조지눌 선사라고 밝힌 것을 염두에 두면, ①『진심직설』은 보조지눌 선사의 저서가 아니며, ②『진심직설』의 저자 이름은 그 무렵 전혀 알 수 없었지만 어떤 분인가는 막연히 알려져 있었다는 사실을 짐작할 수 있습니다. 『진심직설』을 지은 '정언'이란 이름은 400여 년이 지나면서 잊혔지만 '덕 높은 선사'라는 정보는 전승되었다고 하겠습니다.

그런데 남송 이후 불교사 서술이 정언 선사를 철저히 외면하는 것이었다 하더라도, 『진심직설』의 서문이나 본문에 정언 선사의 명자가 들어가 있었더라면 '정언'이란 이름이 이렇게까지 철저히 잊히지는 않았을 것입니다.

정언 대선사님,

대선사님은 왜 자신의 이름을 서문에 기입하지 않으셨는지요? '이 책은 나의 것'이란 생각을 일으키지 않았던 것입니까? 뒷사람을 위해 참마음 찾는 길을 고구정녕 가르쳐주는 책을 저술했지만, 결국 그것은 다만 부처님과 역대 조사들의 가르침이고 진여의 드러남일 따름이지 '나의 것'은 아니라는 생각을 하신 것은 아니신지요?

정언 대선사님,

참으로 감사합니다. 그동안 저와 도반들은 『진심직설』 한 구절 한 구절을 거듭 읽으며 잘 공부했습니다. 앞으로 대선사님의 이름이 새겨지고 새롭게 해석된 『진심직설』을 더 생생하게 읽으며 대선사님의 가르침을 명심하여 수행에 매진하겠다는 발원을 올립니다.

부디 원생 제도하소서.

2025년 가을
원봉 이강옥 삼배

| '책머리에'와 '부록'의 참고문헌 |

김인희 편, 『전사들의 황금제국 금나라 : 금나라 통치전략 연구』, 동북아역사재단, 2021.

남권희·최연식, 「진심직설의 저자에 대한 재고찰」, 『한국도서관정보학회지』 31(2), 한국도서관정보학회, 2000.

손성필, 「『진심직설(眞心直說)』의 판본 계통과 보조지눌(普照知訥) 찬술설의 출현 배경」, 『한국사상사학』 38, 한국사상사학회, 2011.

최연식, 「『眞心直說』의 著者에 대한 새로운 이해」, 『진단학보』 94, 진단학회, 2002.

정언 선사의
진심직설(眞心直說)

초판 1쇄 인쇄 2025년 11월 21일
초판 1쇄 발행 2025년 11월 28일

번역·강설	이강옥
발행인	원명
대표	남배현
본부장	모지희
편집	박병익 김옥자 손소전
디자인	정면
경영지원	허선아
펴낸곳	조계종출판사
주소	서울시 종로구 삼봉로 81 두산위브파빌리온 1308호
전화	02-720-6107
전송	02-733-6708
이메일	jogyebooks@naver.com
등록	출판등록 제2007-000078호(2007. 04. 27.)
구입문의	불교전문서점 향전(www.jbbook.co.kr) 02-2031-2070

ISBN 979-11-5580-262-5 03220

· 책값은 뒤표지에 있습니다.
· 저작자의 허락 없이 일부 또는 전부를 복제·복사하거나 내용을 변형하여 사용하는 것을 금합니다.
· 이 책의 내용 전부 또는 일부를 사용하려면 반드시 저자와 출판사의 서면 동의를 받아야 합니다.

조계종
출판사 │ 지혜와 자비의 눈으로 세상을 바라봅니다.